Caliope
editorial

LA DIOSA
DE LAS COSECHAS

José Eduardo Gimeno García

LA DIOSA
DE LAS COSECHAS

Primera edición: enero de 2018

ISBN: 978-84-17233-32-7
ISBN Digital: 978-84-17233-33-4

Grupo Editorial Max Estrella
Calle Fernández de la Hoz, 76
28003 Madrid

Editorial Calíope
editorial@editorialcaliope.com
www.editorialcaliope.com

Una persona con Ubuntu es abierta y está disponible para los demás, respalda a los demás, no se siente amenazado cuando otros son capaces y son buenos en algo, porque está seguro de sí mismo ya que sabe que pertenece a una gran totalidad, que se decrece cuando otras personas son humilladas o menospreciadas, cuando otros son torturados u oprimidos.

DESMONT TUTÚ.

Uno

Las lágrimas de miedo se despliegan como ejércitos exegetas de lo inabarcable, el futuro del mundo es un pañuelo de seda donde aplacar las sensaciones de que algo hay que cambiar.
La opinión de las furias desbocadas,
el silencio de los pasivos inanimados,
el juego de a ver quién habla primero,
quien marca a fuego frases en las espaldas y se convierten en volutas de balbuceos al frente.
Los vínculos existen,
tu realidad es posesión personal,
pero transferible,
una idea,
un sueño,
un ilustrado bostezo ante la caravana interminable de sensaciones y de estímulos sociales que ahogan y crean dependencia...
...terror al silencio.
Solo desde allí te oyes,
solo desde acullá te miras,
solo desde ahí te hablas...
...¿de qué tienes miedo?
El miedo se acaba al segundo paso,
alza tus ramas y ubunteando vive,
y se,
no te conectes a lo externo sin recolectar primero lo interno.
TURN ON.

-¿La Civilización cómo te devora?
-Obligándome a vivir artificialmente.
Entrevista a Félix Rodriguez de la Fuente en La Gaceta Ilustrada, 20 de marzo de 1977.

YO SOY..., no os digo mi nombre vegetal porque no lo entenderíais como no entendéis muchas otras cosas, además si no os conviene lo cambiaríais siempre obsesionados en catalogarlo y medirlo todo pero siempre en parámetros humanos, obviando que hay infinitas formas y maneras de comprender y comunicarse.

YO SOY una planta, sencilla que llevo aquí muchos más miles de años que vuestros antepasados bajaran de los árboles, en aquellos tiempos en que hablar entre humanos y todo ser vivo era posible, quizás esa ansiada Lengua Perdida sea esa la que buscan los iniciados,

es el mundo vegetal la conexión con los dioses, con la energía vital todo parte de ahí, lo material y lo inmaterial, lo físico y lo etérico, la danza de la realidad es verde, pero queréis separar la poesía de la materia, la mitología ocultarla bajo las etiquetas de cuentos y solo lo tecnológico es verdad, la memoria colectiva se analiza bajo microscopios mientras se le hacen taxidermias a las realidades buscando el más mínimo fallo para acrecentarlo a vuestras ideas.

YO SOY..., comparto mi saber y eso se llama UBUNTU, si tu ganas ganamos todos, es la unidad, es la conexión que existe entre todos, desde el primer ser aparecido en este planeta al último nacido, todo está conectado, nada es bueno ni malo tan solo el uso que se haga, las ramas de la

verdad las quebráis rompiendo la cadena infinita de la vida, YO SOY parte de esa trama como vosotros.

Habéis borrado al Pueblo Verde de vuestras vidas, exprimiendo cada especie y dándole un uso puramente material, de las bellas flores manipuladas para hacer híbridos estériles, carne vegetal sin alma que no ofrece su UBUNTU al insecto que debe de recibir su parte, si todo está en orden no hay plagas tan solo diezmos mutualistas.

Borrasteis los antiguos cuentos, relatos y tradiciones en los que brotaba la sabiduría verde y los convertisteis en carne de piras para alimentar sabe qué....y ahora es el dinero lo que quema los saberes, absurda idea la de patentar semillas ancestrales.

Lo verde SOY YO, pero aún quedan saberes y algunos de vosotros que luchan por que se vuelva a lo antiguo, a las sabidurías y farmacopeas que tienen una existencia milenaria, y me uno a esa Revolución de los Conmovidos como dice una activista guerrillera en el Bosque Habitado.

YO SOY para vosotros la Marihuana y os enseñaré a comprender que soy un ser vivo, neutral en mi materia y por lo tanto no soy nociva tan solo si el pensamiento y mi uso lo es.

YO SOY parte de los Habitantes Silenciosos que viven en el entorno desde hace millones de años y que tras ser hermanos y mutualizar con humanos para sus dolencias nos apartaron como anatemas o como simple mercancía y el primer paso de la curación es la actitud positiva y creer como se cree en la visita al médico, cápsulas en boca como antes ensalmos en templo.

Como dice Ignacio Abella:

«De algún modo somos el paisaje que nos rodea,como un perfecto espejo de nosotros mismos».

Al Pueblo Verde no le gusta el paisaje que deja el humano, sino oyente o leyente mira a tu alrededor.

Dos

A la mañana siguiente vi a un hombre con aspecto de ladrón de almas.
No podía decirlo,
hablar de esas cosas es declararse públicamente ido.
Así que me enfrasqué en la lectura de palabras con alas,
con historias que no son ciertas porque no son soñadas,
realidades de otro para las masas,
levadura de panes caligráficos para estómagos de calidades
que no desean conocer ni saber tan solo permanecer serenos
como agua quieta y que otros lo hagan por ellos... el agua
estancada se pudre.
Mirando por encima del hombro,
por debajo del sobaco,
por entre los dedos de los pies,
la gente ni se inmuta,
no pregunta,
tan solo hace fotos,
la gente ciudadana de las ciudades,
tan solo los paisanos se paran y preguntan,
los Conmovidos te dicen si te ayudan en algo,
y se ponen a mirarse en ombligo desde la espalda.
Nos miramos y nos reímos,
en eso es la vida en fluir,
reír y mirarse lugares a donde nunca se ha mirado,
no son imposturas son re-evoluciones,
que bastantes cosas serias hemos hecho en esta vida.
Coge tu cubo de palabras y limpia a tu alrededor lleno de vacíos,

saca el plumero de razones ilógicas para quitar el atascado
polvo de lo políticamente correcto.
Desnuda tu ser y extiende tus ramas al mundo,
no eches raíces que para eso ya están nuestros hermanos del
Pueblo Verde.
!Ah¡ y Ubunteando que es posible.

«No vale la pena andar por andar, es mejor caminar para ir creciendo»

CHAMBAO

En la sierra hacía poco tiempo que acababa de llover, y los árboles de ese bosque lucían todos sus colores, aunque el sol no acabara de lucir. Olía tierra fresca y mojada, mezclada con un deje de ozono por la lluvia que pronto se evaporaría en volutas de humedad cuando el sol empezara a calentar la sierra.Eran colinas viejas, desgastadas, con formas semejantes a pecho de mujer acostada cubiertos por un verde manto de varias especies de árboles, que se dejaban caer en su crecimiento hasta las faldas mismas de las colinas en donde empezaban campos roturados,por los que se divisaban varios camiones enormes entre ellos uno que portaba una cisterna.

De los camiones surgieron personas que se arremolinaron alrededor de los campos y ayudados por el camión cisterna empezaron a echar un líquido sobre las verdes plantas.

Segundos después toda la Comunidad del Bosque sabía lo que iba a ocurrir.

Creemos en nuestra tan gran tecnificada ignorancia que lo sabemos todo... pero hay cosas que ya lo fueron dadas y usadas, en este caso el Internet humano es retrógrado y ni por asomo veloz y efectivo como el que poseen los seres del Pueblo Verde, desde sus epitelios, desde los poros de sus hojas pasan a sus tallos y troncos y por sus raíces que cubren todo el mundo se informan en

milisegundos.

Las plantas de abajo del campo se habían avisado unas a otras y de ahí la red de información se extendió.

Estaban los hombres echando gasolina, iban a quemar el campo.

Plantas con los esquejes temblorosos se quedaban con la sabia helada, su organismo se replegaba a la espera del dolor del fuego, en las faldas de la sierra y en toda la Comunidad hubo un reverencial silencio, dolor mezclado con impotencia y tristeza.

Algún que otro joven pino negro temió por si las llamas subían por la montaña.

Al mismo tiempo que todos se ponían en alerta los animales fueron avisados por empatía solidaria y los que podían empezaron a huir, morirían los más lentos o los despistados.

El camión cisterna salió y se echaron antorchas al campo que con un estallido rojizo prendió casi por completo. Un helicóptero negro y de aspecto algo siniestro sobrevolaba el incendio y varios de los hombres empezaron a controlar que las llamas no pasaran de más allá del linde del terreno cultivado.

No muy lejos de allí casi toda la información iba y venía por entre las raíces hacia la parte más antigua del bosque en donde vivía un viejo árbol rodeado y lleno de líquenes, era el último de los árboles de lo que antaño fue un bosque primordial, el estar tan oculto y en zona tan inaccesible lo había salvado de la codicia humana.

Todos le preguntaban... ¿por qué?, ¿por qué?

Como era bastante teatral no dijo ni siquiera esta hoja es mía, esperó a que otros árboles y plantas pidieran silencio, entonces empezó su relato.

Tres

Los rostros arden en todas partes,
dentro,
sin lamento,
con detalles que reparan en pocas cosas,
la exploración cotidiana es así,
superficial,
solo desde la privacidad llega la vergüenza ajena,
cuando nos hundimos en el mullido sillón de la realidad,
al quitarnos el metálico sabor del teatro diario.
¿Qué piensas en realidad?
Nuestras cabezas balancean ideas secas y rancias,
peregrinas chispas de neuronas que obedecen en silencio
mutándolas en sueños... ¿Haces lo que piensas?
Ni una palabra a destiempo,
ni una compra sin efecto,
palabreo con estilo de encaje de bolillos,
manteniendo la tensión en dientes apretados,
vagabundeando por el deseo de gritar,
como obras de pintor loco que trabaja con colores secos,
trabajando en montones de tiempo,
acumulación de derrotas de palabras perdidas,
de ideas desechadas por falta de valor,
por la mediática presión del qué dirán.
¿Eres quien querías ser?
La vida es un juego,
el tuyo,
aferra el dado y tiralo,

el movimiento es tuyo imitando al agua,
¿si te adaptaste a lo absurdo porqué no puedes hacerlo a lo
que los demás consideran raro?
La satisfacción es plena si aceptas tu autorización,
sin pensar si has hecho una buena jugada en el tablero vital,
tan solo la calma de que haces lo que debes,
lo que quieres hacer,
solo así se apagan los rostros de vergüenza ajena y se sonríe
al ver el mundo. UBUNTEANDO QUE ES GERUNDIO.

«Solo hay felicidad si nada exigimos del mañana y aceptamos el hoy, con gratitud, lo que nos trae.
La hora mágica siempre llega».

HERMAN HESSE

Bien mirado YO SOY inmortal, como lo son los casi todos los del Pueblo Verde, en mis semillas dejaré parte de mi, mi esencia mi ser, no son hijos son YO multiplicado por cientos. Por eso en vuestro raciocinio no llega a asimilar esa realidad.

Los árboles, para que lo comprendáis mejor tienen más de 26000 genes, activos todos al igual que el resto de seres vivos, con alguna excepción, durante la vida de cada ser se van apagando, no se pierden tan solo se desconectan y eso da la senectud, la vejez... con nosotros y en especial los árboles se apagan en cada invierno y se vuelven a activar todos a la primavera siguiente, por eso somos eternos.

Son saberes antiguos que el humano aprendió hace milenios, cuando estaba conectado con su entorno.

Recuerda la tradición los herberos, los y las humanos que recorrían desde el inicio de las poblaciones los montes y las tierras en busca de remedios para los males que aquejan al cuerpo y al espíritu.

Somos parte de vosotros, estamos todos creados de la misma materia, pero... lo habéis olvidado.

Yo os conozco dese hace milenios, mucho antes de que se empezara a cultivar en China y en el oriente asiático pronto se empezó a cultivar para hacer textiles, para cosas a veces increíbles como los dolores de cabeza, la fiebre, el insomnio, el mal de ojo... sí, como una hierba medicinal con poderes... pero es que todo ser vivo es poderoso... eso lo habéis también perdido. En algunos poblados de china, y en el Indostán aún se me llama y se me nombra como la *Diosa de las Cosechas* y hay cuentos hermosos que hablan que yo broté de la tierra cuando cayeron lágrimas de ambrosía de los dioses, en la India antigua y aún en la actual el brahmanismo y los yoguis me tienen en gran consideración para meditar y para calmar los nervios.

Supongo que de ahí pasó a Japón y a otras zonas y se me empezó a cultivar como planta medicinal, al mismo tiempo psicotrópica y farmacopeica, recuerdo que YO SOY neutra, no soy mala ni buena tan solo el uso que me dan es el que le da el valor real e intrínseco.

Ya se me usaba pues en la China de hace más de 4000 años en plan como os gusta decir industrial o de consumo general, para cuerdas, y telas, la medicina china tiene muchas utilidades en mi persona y alerta sobre el exceso de consumo debido a mi poder psicotrópico.

Pero un inciso, ya explicaré esa parte más adelante, calma ajetreados e impacientes seres de genes dormidos.

Recuerdo por enésima vez que YO SOY un ser vivo, y si los babilonios me usaban en sus sahumerios como incienso embriagador, era y para las enfermedades pulmonares, y allí no se andaban con tonterías, al medico que mataba a un paciente le cortaban las ramas... digo las manos, por lo que si lo usaban... efecto daría. ¿No?

Cuatro

Lo que me interesa es el individuo,
sin el temor de ser descubierto,
a la luz del fuego,
sin miedo a errar para ser señalado,
jodida sociedad llena de malsanos depredadores,
de carroñeros de caídos.
Lo que me seduce es la libertad de palabra,
el resultado de los sumandos de sueños,deseos, pesadillas,
ideas, suspiros,caricias, golpes dados y recibidos,
acunar el alma entre brazos de palabras,
entregarse a la sensibilidad de la frase cercana,
ese lugar en que nos hace iguales,
la verdad.
Lo que me anima a vivir segundo a segundo es saber que
vivimos en el reino de la libertad experimentada,
las tragedias no se evitan,
suceden,
las alegrías no se provocan,
acontecen,
lo bueno se autogestiona,
lo malo se retroalimenta,
y la mente utiliza el arte de la distracción para jugar con las
definiciones, las acciones y
las emociones.
Pero la sociedad da nombre genéricos a lo que es solo singu-
laridad personal e intransferible,
guiando hacia el sendero turbio de la confusión del redil.

Lo que me hace reír es la risa del vecino,
del extraño,
el brillo de la mirada de alguien que ayuda y que es ayudado,
el mutualismo que como poema magico cala en los umbrales
del ser, allá donde se pierden los recuerdos de la sociedad,
esa que era una piña,
y no un montón de semillas levitando al son del viento que toca.
Lo que me ilusiona es que me leas y comprendas que nada de
esto es real si tu no lo crees,
y si no te resuena dentro de ti... pues Ubunteando a otra cosa.

«Los mitos representan la sabiduría popular del mundo»

SHELDON B. KOOP

Aún recuerdan estas raíces y la tierra que nos envuelve el tiempo en el que los humanos vivían con nosotros, como las aves, las mariposas que revolotean por nuestras flores, como el pájaro piñonero que busca en la base de nuestros pies la razón y el alimento de su existir.

Si, recordamos como eran aquellos tiempos en que como un koala australiano, una jineta hispana, un leopardo keniano, un gato gatuneando por las ramas, como uno más que acogemos en nuestro

cuerpo, el humano fue y subido a nosotros creció en saber.

Quizás un poco más adelantado que otros grupos de homínidos que se quedaron como seres enramados y enraizados, pero no el humano deseaba le picaba la curiosidad que superaba al miedo, como raíz joven que sin pensárselo intenta meterse entre la rocalla que quizás la asfixie al no poder quebrarla, ellos bajaban de nosotros, nacieron en los árboles, aprendieron las estaciones, los frutos, a protegerse, pero ya os digo, sus mentes eran hojas al viento y cada vez que bajaban por los troncos caminaban y se alejaban un poco más.

Escrutando, observando y aprendiendo como árboles en proceso al lado de sus mayores que le asombran y le dan sombra, afuera descubrieron que el suelo fértil también poseía frutos comestibles, otros perniciosos, animales peligrosos a los que tan solo debían subirse de nuevo para estar a salvo.

Fueron miles de ciclos, bosquimanamente hablando miles de anillos en sus troncos de existir, y en ellos siempre estaba el bosque, incluso cuando nosotros le dimos a descubrir el fuego... ignorantes dicen que es el rayo... ¿pero que prende un rayo si no la madera?, nosotros fuimos su tea y con nosotros frotando maderas aprendieron a llevarlo siempre consigo en el bolsillo de la mente.

Sí con la ayuda del Pueblo Verde sustentaron, hicieron sus cabañas y nos respetaron, obtuvieron alimento para sus animales cuando los domesticaron, pero seguían atados al bosque al Pueblo Verde.

Con rapidez asimilaron el comportamiento de nuestras hermanas las plantas y empezaron a cultivarlas, adorándolas como son vida en potencia, gigantes encerrados en semillas diminutas, y crecieron en número pero seguían enterrando a nuestros pies las placentas de sus recién nacidos, nos respetaban y pedían permiso para todo... eran hermanos.

Hasta que dejaron de llamarse paisanos y empezaron a nombrarse ciudadanos, hijos de las ciudades, esos que devoran nuestros hermanos y esquilman la tierra... sí se como depredan, las raíces de otros me lo cuentan, son parásitos dicen unos, hongos malignos, pero incluso en la malignidad de un hongo hay un beneficio mutualista, alguien sale ganando muchos otros seres se aprovechan del

árbol caído... en este caso se han apartado del camino han roto el vínculo sagrado y solo desean un beneficio absurdo... que no entendemos, ¿para qué quieres poseer más tierra de la que pueden abarcar tus raíces?, ¿para que absorber más sol si se pierde entre las hojas?, es absurdo, y dejan tras de si una muerte estéril...

No entienden que son parte de nosotros, estamos en lo alto de la base y de nosotros del Pueblo Verde depende todo incluso su suicida comportamiento alimenticio en prados de hambre y muerte en las que han visto pastar a miles de animales que serán sacrificados para satisfacer una forma de vida infinita en un planeta finito, todo es neutro, nada es bueno o malo tan solo la acción que realizamos con ella.

Tenemos una hermana en Africa que de la que solo hay un animal que se alimenta de sus hojas es una pequeña gacela, esta siempre va en contra del viento para que la acacia, ese es uno de sus nombres humanos, no la note, esta le concede al ser vivo tan solo 22 segundos para que coma hojas, pasado ese tiempo se vuelve tóxica y tiene que ir a otra, pero debe de darse prisa, las raíces informan a otras acacias de la presencia de la gacela y se hacen tóxicas, si no es rápida en 24 horas no podrá comer.

Los pastos están creados para ser alimento de varios rumiantes, cada uno come a una altura determinada y la hierba crece... no para los humanos que alimentan a su ganado, han creado aunque no lo crean los más jóvenes, plantas y árboles sin semillas, cuyas frutas no darán jamás vida, que para eso existimos para dar y recibir en eterno mutualismo.

No el humano que vivió en nosotros, sobre nosotros, y alrededor nuestro ya no es el mismo, no pertenece al círculo de la vida, ya no está emboscado.

Como veis allí abajo o habéis notado, queman esa planta porque la han mercantilizado como lo hacen con todo, no conocen ni siquiera su nombre real, ellos la han llamado Marihuana, nosotros la denominamos la *Diosa de las Cosechas*. Y durante milenios ha sido utilizada sabiamente como lo han sido usadas otras hermanas mutualistas para ayuda de humanos y animales.

Ellos la denominan Cannabis Sativa y es a ella la que han quemado hoy y a la que han declarado una guerra absurda ya que es una de las plantas diosas que se nacieron aquí, junto al maíz, el arroz, el trigo, el aloe vera , el peyote y otras plantas que son neutras y son medicina para los cuerpos y refugio para las mentes animales... no lo entienden... están fuera del círculo de la vida, esa planta fue suya y la han perdido, por eso la queman por ignorancia… a veces pienso si no son ahora más ignorantes los humanos que los primeros que pisaron suelo hace millones de anillos.

Cinco

No te vayas,
no te escondas,
si buscas escondrijos piensa primero de que huyes. Si es de ti
ve al bosque,
mira el mar,
escucha el viento,
se lluvia,el mundo entero natural es tu jardín secreto. La vida
no es fácil,
si lo fuera viviríamos todos apretaditos,
en bolas ingentes de humanos sonrientes,
las dictaduras sociales existen para seas acción,
la evolución consta de dos cosas.
TU y REVOLUCION.
Lucha,
mira,
ríe,
observa,
piensa por ti,
en el bosque acariciando ramas como si juntaras manos,
en el mar sumergiéndote en su infinito respirar,
acompañando al viento en su peregrinar,
dejando que la lluvia resbale por tu rostro ,
tus lágrimas unidas fraguan futuros deseos,
semillas de cosas olvidadas que bien haríamos por recordar.
En el jardín secreto guarda,
las cosas del abuelo,
los saberes de la abuela,

los relatos de fuego,
la Madre tierra a corazón abierto,
tu voz siempre en movimiento,
la magia de una sonrisa,
algún trino para saber que estas despierto,
y recuerda siempre dejar la llave puesta,
nunca sabes quien necesita tu lugar para reposar,
inspirarse y pensar lo obvio,
SOMOS UNO LO COMPRENDES CUANDO ESTÁS
DESPIERTO. SE.

«La sociedad es una asociación de minorías».

JOHN LE CARRE

Siempre he estado con vosotros, los celtas me cultivaron intensamente y de mi sacaron materia prima para hacer y suministrar cuerdas a todo el Imperio Romano, y desde siempre hubieron
tradiciones en las sierras extremeñas de cabotajes y cuerdas para barcos que tenían incluso sello real, ya entrado la época del descubrimiento... de la que dicen que llegué a América junto con los exploradores para tener allá suministro de cordelería y amarre en los barcos que iban y venían, pero la realidad es que siempre viaje junto a los primeros pobladores por el estrecho de Bering, que hoy se dice y en otros caminos, que seria largo de contar aquí y no viene al caso, se me usó y plantó pero a pequeña escala y en medida chamánica en algunas tribus, para la cordelería ya usaban otras fibras que eran más abundantes, de hecho los primeros pobladores americanos a excepción de la grandes civilizaciones eran someramente nómadas y tal motivo, o virtud según se mire se buscan materias primas de paso y no de crecimiento más allá de pocos meses.

Se que estoy relatando cosas a bote pronto a vuelapluma, no es políticamente ni correcto ni lógico, pero relato cosas según van surgiendo y las enlazo anárquicamente correctas para mi forma de expresarme, YO SOY alguien sin tiempo, repito como antes dije SOY eterna.

Muchas de las pócimas y ungüentos brujeriles me llevaron como componente, además de otras plantas, perseguidas por el cristianismo, y gracias a la suerte que entre ellos habían gente ilustrada y con más luces que una simple pira para quemar libros y saberes y cuerpos e ideas. En los monasterios y algunas abadías se guardaron celosamente en herbolarios y en Dioscorides secretos las recetas medicinales con mi esencia, oculta de los inquisidores quienes en realidad no daban como maligna a la planta o al bebedizo en si, atacaban a la base de la creencia , a la idolatría vegetal, al llamar a los seres del Pueblo Verde como dioses, a mi *Diosa de las Cosechas*, por eso talaban como lo hicieron los romanos con los druidas los bosquecillos sagrados, por eso para marcar y controlar al pueblo vencido se talaban los árboles o el árbol sagrado que custodiaba la comunidad. Tejos milenarios, moreras descomunales, castaños inabarcables con la mirada, y un sinfín de venerables antiguos de la raza vegetal fueron pasto de leña para dominar, ya que bajo ellos se juraban, se pactaban, se ajusticiaba, se hacían negocios, promesas, casamientos, toques de comunidad y reuniones para hacer mutualismo.

Por eso los cristianos hicieron sus capillas junto a los árboles venerables si es que no los pudieron talar.

Europa retrocedió si se puede contabilizar decenios, por no decir mil años, la farmacopea y la herboristeria o saber herbero se olvidó a la fuerza para no ser tildado de idólatra o bruja, tan solo en pequeños pueblos y aldeas remotas se siguió manteniendo el saber mutualista entre humanos y seres verdes, un saber perdido que ahora buscan para su beneficio grandes multinacionales farmacéuticas en selvas y en los saberes de antiguos pueblos, o lo que queda de ellos.

Ahora se descubren, o se redescubren superalimentos, los secretos de las plantas que siempre han sido los mismos pero que tras darle el toque científico pues se comercializan, entran en vuestro depredador ciclo del consumo, se empaquetan en polvo y a vender.

Pero no es tan sencillo, cada síntesis de los componentes de una planta han de ser fusionados como ella misma, no como principio activo, para que surja todo su efecto hay de haber conexión entre el ser a remediar y el remedio... como dijo un sabio, la cura del veneno está al lado de él mismo. Ubunteando que es gerundio.

Seis

Objetos romos y sin filo,
para la apariencia de amable caminar o sentarse a la orilla
del mar. Solo recorrer con la mirada un espacio sin cosas que
hieran,
más allá de las palabras y los gestos,
revisando jaulas en las que nos metemos nosotr@s mism@s.
En cada acto flota una estela para averiguar su procedencia, a
ciegas con aires de silencio,
motivos humanos en mensajes de cristales quebrados,
jardines que huelen a pasado existente tan solo en mentes
martilleantes , futuros augurados en ventanales como cuadros
acompañados de
bailes retóricos en las manecillas de un tiempo por brotar,
los olores de la realidad son fuertes y perennes.
Estamos atornillados al ahora,
anclados en misteriosos sucesos que se escurren entre los
dedos de tiempos erróneos a los que la mente nos lleva,
esclavos de pasados recreados,
especímenes de laboratorios en el que se idealizan futuros,
sin comprender que tan solo se obra desde abajo arriba,
con las arcillas de vivos colores de un estar y ser...
...¿es necesario acaso considerar una cabeza desbocada como
guía de un desfiladero?
Mejor un indígena propio,
TU .
UBUNTEANDO QUE ES POSIBLE

> «Hay corporaciones que tienen el control sobre nuestra vida, salud y economía».
>
> VANDANA SHIVA

El poder de la *Diosa de las Cosechas* es múltiple, por eso os dije que era una de las plantas primordiales, de las que unen y generan, son humus universal.

En sus flores se hallan los secretos mejor guardados, los cannabinoides, las moléculas que dan sus efectos medicinales, pero al igual que pasa con todo lo natural en la Compañía del Bosque, cada fruto y cada planta es única, es lo que los humanos han tardado en empezar a recuperar de su saber, a redescubrir ese hecho, cada ejemplar, pese a que se empeñen en catalogarlas de saviticas o indicas, es como simplificar y llamar roble a todos los robles... absurdo... Humánico.

Cada cepa, cada lugar de origen, cada tierra, cada agua que bebemos, cada elemento orgánico que succionamos, cada bocanada de aire, cada insecto y ser vivo que nos rodean, como a todo ser vivo nos hace ser individuales y únicos.

Ahí lo humánico también de intentar hacer un producto industrial para el consumo médico... cada paciente ha de hallar su planta,es así de sencillo, buscando entre varias semillas hasta hallar la hembra que es la que da las flores con sus cannabinoides.

Y ahora viene la magia, los componentes de la *Diosa* actúan sobre el cuerpo humano, como si fuera parte de este, se integra en el sistema endocannabinoide que poseen todos los animales... sí habéis enraizado bien mis palabras los humanos y la Marihuana poseen sistemas compatibles.

Allí reside la óptima funcionalidad de su organismo vivo, desde el aprendizaje, hasta el control del dolor... y decenas de otras cosas que no saben aún.

Nuestros hermanos en Africa saben que la *Diosa* era utilizada como moneda de cambio, tal y como lo hacían los humanos en América con el cacao, eran otros tiempos de conexión con la realidad antes de la llegada de eso que daban dinero, con las que se pone precio o valor irreal a todo, desde una semilla a una vida.

Humánico.

Varios nogales cercanos movieron sus ramas afirmando la última afirmación.

Los pinos rieron piñas arriba, una higuera cercana al arrollo movió con denuedo sus ramas cabeceando como lo haría una madre ante la estupidez de un hijo descarriado.

Una hilera de moreras cercanas al campo en el que el fuego se iba extinguiendo suspiraron por sus hojas con fuerte ruido arbóreo mientras un pequeño platanero gruñía porque deseaba seguir escuchando al venerable roble.

Siete

Cuando la mariposa caminó sobre su cuello,
ella acarició el borde de la taza llena de agua, espejo en el
que mirar la vida.
Caminando bajo la lluvia,
otra agua pero libre,
celestial,limpiando el lienzo de un futuro sol. Acurrucarse
bajo techado,
viendo llover y dormirse con un libro en las manos, soñando
con ciudades inventadas,
alcobas iluminadas del aroma de amores infinitos,
observar sobre el hombro la redondez de la luna.
Una naturaleza sabia en armonía con un hombre solitario,
bajo el paraguas de un inabarcable cosmos.
Sentir crujir las hojas bajo un bosque dorado,
pasear la mirada por entre los revoltijos de ramas de un
robledal, flotar entre la niebla de las tejedas,
mezclarse en las sinfonías de las chicharras en los pinares,
ser uno con lo que nos mantiene vivos,
lo alto de la pirámide ecológica,
el Pueblo Verde.
Elevar los brazos y gritar ARRIBA LAS RAMAS,
y notar como los troncos sonríen.

«En el corazón del invierno, aprendía por fin que había en mi un verano inolvidable».

ALBERT CAMUS

Como decía la Lex Cornelia romana:

«Droga es una palabra indiferente, donde cabe tanto lo que sirve para matar como lo que sirve para

curar, y los filtros de amor, pero esta ley solo reprueba lo usado para matar a alguien».

Pues YO SOY neutra y si miramos mi lado negativo, si es que se usa como tal, no hay nada que se me asocie con algo peor que una gran borrachera... por cierto la gente bebe para colocarse, la chispa de la vida, además de para saborear su intensidad aromática, su efecto lúdico a veces crea verdaderos sumilleres de degustación del cuerpo y del efecto papilativo y natural de su materia prima.

Como YO, pero YO SOY ilegal.

No produzco ebriedades violentas, ni agresivas que ya no estén en el sujeto que me consume lúdicamente, tampoco llego a los niveles cada vez más jóvenes de comas etílicos. En los accidentes de tráfico soy una anécdota ya que se me junta con alcohol ingerido no con solo mi consumo, tampoco causo colapsos en el organismo ni destrozo hígados... pero YO no SOY legal... pero bueno cada substancia enteógena que aguante sus moléculas de ebriedad.

El vino tuvo a Baco, al igual que otras substancias que sacábamos al ser humano a la mente de la realidad, por eso todas éramos consideradas como dioses y diosas o regalos de estos... no estábamos en los círculos mercantiles, sin darles taras y varas de medir de lo que es bueno y lo que es malo, nunca se dirá tantas veces toda substancia es neutra, es la sociedad o la prohibición extraña la que la ha catalogado así, en todos los libros de las grandes religiones se avisa de que cuidadín con pasarse con el alcohol, para nada se habla de mi... pero no había publicidad... ¿o sí?

Mis cogollos, mis flores eran entregadas en las fiestas romanas profanas y echadas a los pebeteros e incensarios religiosos hasta que llegó el cristianismo que hizo que mi uso se prohibiera y cayera en el olvido para lo occidental, no en oriente de donde mira por causalidad arbórea regresé en los 60 y 70... pero eso queda lejos.

Llegó la oscuridad todo saber fue anulado, los conocimientos de hierbas tildados de supercherías, y tan solo para la cura de enfermedades era suficiente con rezar, pagar misas y ensalmos, aquí habéis llegado

a sufrir no a tener soluciones para todo en vuestro valle de lágrimas... y así os fue ,en oriente fueron más permisivos y en libertad o en absoluta normalidad el mundo islámico hizo un favor a la humanidad guardando y catalogando todo lo que se sabía y que más tarde fu rescatado, traducido y enseñado.

YO SOY actualmente un estupefaciente y más que mis hermanos el beleño, la mandrágona, el tejo, la belladonna y otras hierbas que son tóxicas y que en dosis no controladas os puede causar la muerte... YO SOY la asediada por todas partes.

Ocho

Por fin descubrimos lo que buscábamos,
atrapando un tiempo futuro para lo que pudiera sobrevenir,
trepando por las ideas,
arrastrándonos entre malezas verbales,
nadando en agresivas ensenadas consumistas,
y después de todo aquello y de lo de más allá,
como animales heridos regresamos a casa...
...y en ella hallamos lo ansiado.
La maleza dispersa y arraigada, era pasto para animales,
juguetes verdes de la fauna,
la calma en los colmados de pueblo,
el Facebook eterno entre los vecinos y foráneos,
allí además de comprar se sociabilizaba.
Una reunión de ancianos al sol bajo un castaño milenario,
una escuela que nada tuviera que envidiar a cualquier claustro
urbano. Los lavaderos y fuentes,
ágoras de conversaciones,
dudas y penas que limpiaba el agua,
lugar donde la gente se ayudaba.
El silencio del entorno,
vida,
y pausa mental en la que revolotear entre pensamientos alados,
desechar los impulsos ajenos y empezar a soñar los propios.
Allí en los pueblos perdidos,
abandonados está la respuesta a las preguntas,
las ciudades son devoradores de almas y de carteras,
maquinaria de engranajes humanos que giran como torbellinos

de insana seguridad, fuera de ellas regresa la calma,
regresa la realidad,
la vida no es sencilla,
es dura a veces,
pero es tuya.
UBUNTEANDO SE LLEGA AL CENTRO A TI MISM@.

«Es muy sabio simular por algún tiempo la locura».

MAQUIAVELO

Tras pasar un largo rato entre risas y murmullos enraizados el roble volvió a hablar.

Una amiga mía me contó una vez una historia referente a la Diosa de las Cosechas, es una amiga curiosa como todas las que llaman palmeras pero en este caso es de una familia especial, es uno de los árboles no árboles, que puede desplazarse y caminar...

Varios movimientos ramificados alborotaron el lugar y las redes raizales parecieron hervir de sorpresa al

menos de quienes no sabían la existencia de una palmera andante.

Pues si hermanos una palmera que puede caminar hasta casi un metro en todo un ciclo estacional, buscando agua o mejores tierras, con sus raíces las dirige hacia donde quiere ir y se va impulsando poco apoco llegando a donde quiere llegar.

En este caso tiene una gran curiosidad humánica, ya que fue trasladada de pequeña de su lugar de origen a unos jardines de una de esas cosas horrorosas que llaman urbanizaciones, pues acompañada de otros árboles refugiados y añorantes de su pedacito de tierra natal, todos guardan en el corazón de sus raíces, en el interior más profundo lo que les dejan de la tierra que arrastraron para llevársela arrancada, esa tierra es como símbolo que les une a su pasado.

Nunca hay que olvidar de qué semilla o esqueje viene uno, al contemplar las estrellas, al notar la lluvia resbalar por nuestros cuerpos, en la niebla o al notar el sol hemos de dar gracias por ser quienes somos con respeto mutualista a quienes nos precedieron.

¡Arriba las Ramas! gritó.

Todos los árboles agitaron sus ramas y muchas aves a lo largo y ancho de ese lugar salieron asustadas de sus nidos para regresar de nuevo asustadas, los humanos lo notaron como un zumbido que llamaron Hummm... pero sigamos.

Y a lo largo y ancho del espacio del subsuelo, entre los vacíos que creemos estar inertes y por la arborosfera, que no es otra cosa que un entramado energético que como una red telúrica conecta a todo ser del Pueblo Verde, por ambos lados llegó la experiencia de la Palmera Andante, cuyo nombre arbóreo no entenderíamos pero que en humánico es *Socratea exorrhiza*

—Siempre he estado sola, bueno en un principio fuimos un grupo de cuatro las que nos transplantaron tan juntas que cuando empezamos a crecer nuestras raíces se mezclaban y nos era casi imposible saber si los nutrientes que tomábamos eran demasiados para el resto, lo que ocasionó que las cuatro creciéramos muy poco a poco, y esmirriadas, eso si, la hierba que nos rodeaba crecía lozana.

Los primeros inviernos los pasamos bastante bien pero uno en especial fue muy gélido y tras sufrir lo indecible mis compañeras enfermaron, secándose sus hojas y cayéndose sus copas, yo no pude hacer otra cosa que hablar con ellas y animarlas a que la primavera llegaría pronto, que había escuchado un pájaro y eso indicaba calor... si eran mentiras arborícolas para intentar levantar unos ánimos ramicaídos.

Una se fue al humus eterno y las otras se quedaron en un estado de seminconsciencia, mis raíces entrelazadas las ayudaban a tomar algo y las agitaba, pero si no llegaba pronto el calor de la primavera morirían.

No llegaron a verla, los humanos las cortaron a las tres, aun recuerdo sus gritos al ser cortadas, no eran estéticas para ese lugar, decían... aguanté la serenidad todo lo que pude hablándoles hasta el ultimo suspiro raizico.

Por lo menos arrancaron sus tocones ya substancia de humus, yo dede entonces estoy sola, si no fuera por alguna conversación que captan mis raíces o mis reflejos vitales en la arborosfera no suelo tener como hoy conversaciones tan largas, y perdonad si me hago demasiado extensa pero aprovecharé la oportunidad.

Tras un tiempo mustiada y desarramada empecé a interesarme por los humanos, esas personas caminantes que me habían arrancado de mi tierra, metido en un gran saco y transportado en barco a aquel lugar para ser tan solo un objeto decorativo, y como había visto inservible e intercambiable como mis compañeras.

Así es que me costo pero tras varios años pude acercarme a la valla que delimitaba una de las casas y allí noté la primera cosa extraña.

Siempre me habían dicho que gran arte de nuestro Pueblo Verde era un perfecto componente para el resto de seres,de hecho la vida en la tierra dependía de nosotros,de todos los animales,

se de que todos se alimentan de nosotros, nos utilizan, antes sabiamente ahora como locos brotes que juegan a ver quien crece antes y se olvidan de que si no hundes primero tus raíces en la tierra que te acoge te quebrarás al primer viento.

De mi familia se alimentaban con dátiles, con las hojas cubrían sus casas, madera para sus hogares, bebida, sombra... y ahí que vi que usan múltiples medicinas que nada tienen de naturales, se han salido del círculo y ahora toman substancias artificiales, a veces sin probarlas y que tienen efectos secundarios que pocos de nosotros daríamos.

Nos estudian, sacan nuestras virtudes y las exprimen en laboratorios para fabricarlas en cadena y sin mirar ni entender que cada planta es un ser único e irrepetible y que en un campo de un millón de flores de manzanilla tendrás un millón de dosis diferentes.

Usan la publicidad para vender y vender, ese es el fin, no la sanación sino que te sanes pagando y cuanto más necesites más pagas, como árbol acostumbrado durante años al agua de una acequia cercana que de pronto se seca o se hace obsoleta no mira mas allá de lo que tiene en sus raíces no lo que vendrá el ciclo anual siguiente.

Pues tienen ingentes productos para toda clase de males, como si cada persona humana los pudiera tener todos y se solucionaran con ingerir algo.

Un pájaro no se alimenta del fruto solo, el volar a nuestras copas y regresar a su nido es parte de su ritmo y de su alimentación, de su vida, todo es circular Ubuntu.

Desde allí vi el dolor humano y la impotencia, del mismo modo en que yo había visto la muerte de mis hermanas, como si la verdad de que no podemos hacer nada ante el implacable y a veces absurdo hacer humánico.

Ellos están igual, pero temen a algo, y están perdidos porque no aceptan la muerte, no comprenden que las enfermedades son ciclos vitales por los que hay que pasar para sobrevivir o morir... de eso va todo esto que gira con nosotros dentro.

Había una niña pequeña, dulce y con don arborícola, se sentaba en el jardín cercano a la valla y miraba las flores y me miraba a mi con mirada triste pero al mismo tiempo desenfocada.

Al poco tiempo de separarse sus padres la niña empezó con palpitaciones y cuadros de estrés, por lo que le dieron beta-bloqueantes, con lo cual las palpitaciones y ansiedad pasaron, pero ahora la niña se mareaba y empezaban a crecerle vello en la cara y su vista se nublaba.Le hicieron un exhaustivo reconocimiento y no le hallaron nada salvo que la niña decía padecer de dolores en las articulaciones. Le dieron analgésicos y la mandaron a casa, pero se quejaba de que le escocían los ojos y le dolían los oídos.Más medicación que secaba su garganta se irritaba su estómago por lo que se le dieron pastillas para protegerlo y otra para los vértigos. Con tan solo seis años tomaba veinte pastillas, le diagnosticaron arterioesclerosis múltiple y volvió al hospital para otra revisión... hasta que le dijeron que llevaba tres años enferma por una reacción, un efecto secundario del primer medicamento tomado y que estaba
siendo retirado del mercado.

Hoy en día su madre le da dos veces al día aceite de cannabis, en dosis equilibradas tras estar un par de
años buscando sus plantas y hallando una cuyos efectos se adaptaban a la pequeña.

Es absurdo lo de estos humanos, tiene las plantas en el interior de casa, cerradas y nadie salvo ella las riega y las cuida, si se las encuentra la policía se las requisaran y la detendrán a poco más de tres años de cárcel por narcotráfico y si eso ocurre su hija empeorará y empezará el ciclo de las pastillas.

No digo que seamos la panacea, que todo se base en el Pueblo Verde, o casi, pero hay cosas de tronco fuerte e irrebatible, si algo es efectivo, ¿por qué no dejar que se cultive?, ¿por que se prohibe un autocultivo y un autoconsumo?

Por que como lo que me habéis dicho, con la quema de cada campo se acrecienta la fuerza de los señores de las pastillas... y no la de la sanación.

Nueve

Este es un mensaje a flor de hielo,
es un secreto ataviado con una capa.
Hoy es el Día de la Tierra como si las palabras acotaran su
recuerdo, susceptibles y universitarios,
ecólogos y urbanitas cáusticos,
negacionistas e ignorantes del cambio climático,
neo rurales y fashion victims,
en el mapa cósmico este es nuestro telescopio,
iniciamos cada paso aquí y aquí lo acabaremos.
Hojas secas en la intuición del placer,
humus que hace crecer la materia joven,
bagajes atrapados en rejas de la materia oscura,
la que el ser humánico ha creado y concebido para medrar,
y tan solo recordar a quien lo sostiene,
y lo alimenta como olla podrida a albur del fuego interno.
Elemento parásito o mutualista cainita,
espíritu depredador al hacernos creer darwinistas,
cuando la vida es mutualidad,
se hace frente al futuro y se evoluciona con la revolución de
la asociación de entes.
Todos somos polvo de estrellas,
pedacitos de tierra,
esa a la que tan solo damos un día...
...la avaricia agosta hasta la anorexia meditativa el recuerdo,
ahoga el saber que el mundo es movimiento y nos movemos
con el.
Para mi mañana será un día de triste limosna antes de que

pasado mañana sea el día...¿del hielo filiado?,
¿de la relación secular?,
...
UBUNTEANDO CADA DIA QUE LA TIERRA FUNCIONA
EN GERUNDIO.

«Además, un hombre se debe en primer lugar a su espíritu».

ALLAM MASSIE, *Tiberio*

YO SOY un ser vivo que a veces como vosotros los humanos somos hermafroditas y mi nombre lo dio un sueco... no se porqué ,allá por 1735 Carolus Linnaeus bautizándonos a todo el cañamo como Cannabis Sativa, y si bien mi uso lúdico más que medicinal llegó a vuestros cuerpos, o más bien regresó en los 60 y 70, en realidad ya las tropas napoleónicas lo trajeron a Europa como costumbre aprendida de las zonas del norte de Africa que conquistaron, luego ya mas entrados los años 1920, y otra vez por militares,esta vez americanos en las zonas de América del Sur siguió como consumo que iba y venía hasta que se declararse abiertamente la guerra mercantil.

En todo el mundo crecía a gran ritmo mi cultivo para fibras y papel de bajo coste, tanto económico como de impacto ambiental, por cierto también hay estudios en los que se ha comprobado que mi cultivo recupera zonas desecadas y devastadas por otros cultivos más agresivos y que agotan la tierra.

Pues YO amenazaba a grandes empresarios las primeras transnacionales del sector textil, más volcados y con descomunales intereses en el cultivo y manufactura del algodón y en la pasta de papel proveniente de bosques primarios. La presiones fueron tales que se orquestó una campaña de desprestigio y de acose y derribo hacia mi, incluyendo propaganda en los grandes medios anti- marihuana, y con fondos gubernamentales de el jefe de la Oficina Federal de narcóticos Harry Anslinger que logró que en 1937 se aprobara por en Congreso la Ley Marihuana Tax At, que prohibe el consumo, posesión y comercio del cáñamo.

Y en aquellos tiempos, se echo en culpa de la crisis del algodón y de las industrias venidas a menos por el crack del 1929, a productores africanos y mexicanos del cañamo y a las empresas europeas por comprar sus producciones.

Y así sin preguntar a especialistas, ni mirar cual era mayor la perdida de mis usos terapéuticos, además de los lúdicos y los industriales se dio carpetazo.

Aunque como se ha visto hace poco que las multinacionales azucareras llevan 50 años haciendo y pagando falsos informes médicos y científicos para quitarle hierro al abuso y uso del azúcar en el organismo. Y otras manipulaciones sociales que generan beneficios a costa de la salud y de la forma de vida de sus consumidores.

En mi caso se cerro la puerta a muchas investigaciones y usos de mi persona.

Y siguiendo por imitación al mundo americanizado, desgraciadamente es así, a principios de los 60 la prohibición fue casi absoluta por lo menos en los países que controlaba el dinero y la influencia americana. Y de golpe se refugió mi uso en oriente.

Si Washington levantara la cabeza y viera lo que han hecho sus descendientes, en su Diario de Washington se demuestra que cultivaba marihuana para su uso lúdico y medicinal.

YO SOY una de esas substancias una de esas diosas que han estado ligadas desde tiempos inmemoriales a las tribus, a la gente al pueblo humano,vuestros sistemas nerviosos y células son cerraduras que YO abro, pues SOY de la misma materia, y la naturaleza jamas yerra, SOY un puente entre el universo animal y el vegetal, pocas substancias pueden como yo interaccionar sin crear desajustes, yo me acoplo y organizo, reajusto, y si no reparad en los cientos de estudios que circulan en revistas medicas y de información que no sean o estén atadas a una corriente mecanicista de pensamiento.

Siempre habéis usado elementos para como planta armonizar con el entorno, salir de la espiral viciosa en la que nos habéis metido a todos, ya que vuestra perdida tan solo será esporádica, si desaparecéis, aquí seguiremos muchos, creciendo y multiplicándonos, la vida siempre se abre camino, no tiene prisa, esa que os devora por dentro.

Es absurdo que medicamentos y otras maneras de curación no sean tan solo que muletas con los que ayudáis a vuestra cojera de futuras caídas... y si no mirad en cualquier medicamento legal el prospecto y ver sus efectos secundarios.

Y YO SOY permisiva pero no entiendo lo inentendible y que cada cual pueda elegir su sistema de curación en su propio cuerpo, y no dudo de la efectividad y del valor de la farmacéutica que creáis, pero echo de menos una más armónica y acorde con lo que mueve el mundo. El Ubuntu, si todos están bien también lo estoy YO, y vuestra sociedad medica es al contrario, mientras todos estén achacosos yo estaré bien, en mi negocio.

Enfermad enfermad malditos.

Diez

Cogí mis deseos entre hilos de bramante dorado,
para enredarlos con los del caracol del tiempo,
en pausa lenta,
en movimientos acordes con las esferas que circunspectas na-
vegan, surcan los infinitos vacíos,allá arriba en el firmamento.
Y con la mirada camaleónica,
un ojo arriba y otro debajo,
para hacer una sola cosa,
como dice el viejo axioma,
a lomos del respeto mutuo por todo lo vivo,
agitando ramas,
hojas,
haciendo que reverberen las savias sabias desde abajo a arri-
ba, como dice la vieja Madre Tierra.
Caracol enredado en trenzas de hilos de deseos,
para tejer las ropas que vistan a los Guerreros del Arcoiris,
y cantando mientras se teje esas canciones eternas,
que conmueven como voces arcanas,
si no conmueve no tañe el alma y si el alma no resuena,
el intento es trabajo, acto vacuo.
Ropa hecha,
deseos unidos,
UBUNTU,
así entre bailes y risas venceremos,
si no hay baile de sentimientos,
sin filandones alegres no hay RE- EVOLUCION. ARRIBA
LAS RAMAS.

«La gente mira sin ver, toca sin sentir».

LEONARDO DA VINCI

—Perdón por interrumpir —dijo una voz grave que recorrió todas las ramas—, pero como he visto que había silencio en las raíces me he tomado la arbórica libertad de comunicar.

—Habla pues amigo —respondió el viejo roble—, nuestra amiga había acabado y esperaba a que alguien hiciera alguna pregunta antes de acabar la conversación.

—Gracias… pues… soy un tejo y si algo poseemos es el don arbóreo de la comunicación entre hermanos de la misma especie y por así decirlo soy la memoria colectiva de un grupo numerosos de tejos que arborean desde el norte de los castros gallegos hasta las esquinas de los barrancos malagueños.

Pues bien, como tengo mucha memoria y la savia me ha salido muy memorística recuerdo muchas conversaciones , y otros me cuentan y relatan sus experiencias y saberes. Y al escucharos por casualidad, ya que mi raíz que está en esa parte del bosque estaba apunto de retirarla para encaminarme buscando agua hacia el este, rocé la raíz epitelica de mi vecina la haya milenaria que es de los primeros que habían aquí, y casualmente estaba conectada con vuestra red arborícola y me puse a escuchar.

Pues bien, en lo que se refiere a conocimientos humanos pues pese a estar bastante lejos y que por estas sendas solo llegan poetas, pintores y paseantes que si estuvieran quietos más tiempo para mirarnos y pedir permiso al acercarse les contaría muchos secretos, pero, pues bien siempre están apresurados, y salvo varias excepciones de gente arbustica lo que se lo se de mis hermanos.

Todo esto que os voy a relatar aconteció hace tiempo, creo que una docena de anillos más o menos, pues bien un hermano nuestro estaba enfermo, de repente se puso triste, apático y sus ramas se cayeron abajo, perdió sus hojas y hasta el musgo que le rodeaba se fue secando hasta morir.

La suerte es que mi hermano está en un parque botánico, un lugar de esos en que te plantan, te

entienden, te curan, te podan como las ramas mandan y eres mirada de humanos silenciosos y con espíritu arbóreo, pues bien, en el le trataron con muchas medicinas humanas y durante ese tratamiento en el que al final fue curado de un extraño hongo que había venido de otro lugar en un escarabajo foráneo, como les pasó a nuestras hermanas las palmeras con el picudo rojo, pues eso, y escuchando escuchando escuchó a los médicos de los árboles hablar de la medicina humana mientras en una grúa lo trataban mirándolo centímetro a centímetro.

Se quejaban que los medicamentos solo se desarrollaban para las enfermedades que padecía gran número de humanos u otros seres, si eran enfermedades extrañas o de pocos enfermos no estudiaban nada,y el gasto en dinero, eso que debería pudrirse como las patatas que escuché decir al morador del Bosque de Sury, pues bien solo interesa el dinero. Por eso los medicamentos vegetales generan tan poco beneficio por un motivo sencillo, van a curar la enfermedad, no como las medicaciones que tan solo enmascaran y realentizar su avance, son parches para que encontrarse mejor, no es como la picadura de una abeja que pica la madera y ya está, no eso no genera el maldito dinero.

Pues bien se quejaban de que en realidad la gente era tan corta de miras y se les había inculcado tanto la acción que cuando visitan a un medico si no salían con una receta era como si el médico fuera malo ,ya se encargan las farmacéuticas de destinar un 1% de sus presupuestos a I+D y un 20% a marketing, los médicos se han convertido en meros expendedores de medicaciones.

También dijeron que en Estados Unidos cada 19 minutos muere un humano por la medicación.

Y tenían una lucha contra las medicinas tradicionales sobre todo con la marihuana que era usada para fines médicos desde siempre, y la consideraban una droga y sin embargo a otras medicinas más perjudiciales que eran legales no hay otra rama de seguridad que el propio medico o paciente.

—Yo conozco un caso de un niño —dijo una voz femenina—, vivo en su jardín y se lo que es padecer por esa incongruencia humánica.

Soy una ciprés y durante más de treinta círculos de estaciones he estado creciendo y vegetando junto a la familia, de hecho dos generaciones de ellos han jugado con mis semillas a lanzárselas unos a otros, cada cual tiene su especial forma de propagar su futuro, el nuestro a veces son los niños.

Creo que fue al abuelo de Jayden quien le escuché decir una vez que el presidente americano Richard Nixon había inventado una teoría sobre la locura como arma disuasiva, la nombró como La Teoría del Hombre Loco, era la utilidad de hacerse el loco cuando convenía, el abuelo decía que en realidad era una mala imitación de Maquiavelo, al parecer un sabio de la antigüedad que dijo también que era de listos y sabios el disimular durante un tiempo la locura. Pues las ramas cerebrales de los humanos en especial de los que supuestamente dirigen la mutualidad entre todos llevan haciéndose los locos muchos anillos, es absurdo ver sufrir a los seres de tu propia especie, si no te toca los epitelios, si eso no te hace hervir la savia es que no se ha comprendido la finalidad vital de la ubuntuidad.

Jayden a los tres años ya tenía más de quinientos ataques mioclónicos, espasmos epilépticos para los
que no había otra solución que ir de médico en médico, de hospital en hospital para acabar siempre
recetándole medicamentos. Uno detrás de otro tal y como ha contado nuestra amiga la palmera.

Para sufragar los gastos médicos, lo perdieron todo, negocios, dinero, trabajos, matrimonio, y vivieron
en la casa de los abuelos de Jayden, donde yo lo vi crecer como un trozo de rama seca al viento, con los ojos abiertos debido a las benzodiazepinas un medicamento que germinó primero en el mercado de

Estados Unidos en la década de 1960, comenzando con Librium y continuando con Valium, siendo producidos ambos por el gigante farmacéutico Hoffman La Roche. De repente, personas que estaban ansiosas acerca de sus vidas no tenían que sentir ya esa ansiedad. Ambas drogas fueron tan populares como ver a las abejas libar en nuestras flores, con unos 2.200 millones de comprimidos de Valium siendo vendidos en 1978. Pasó un tiempo antes de que la población en general se diera cuenta de lo adictivas que eran y cuán difícil era retirarse de ellas, a los cinco años tomaba varias diarias y en su corta vida sumaba ya 25000 pastillas ingeridas de varios medicamentos, unos veinticinco en cada jornada. Cansados ya de no tener otro remedio y sin ya dinero para sustentar tanto gasto, un médico anónimo les habló del Cannabidiol, una sustancia sacada de la Marihuana y que estaba siendo usada en varios países con buenos resultados, el padre de Jayden consiguió aceite de un amigo brasileño, en donde se utiliza en enfermos epilépticos, pero humánicamente no se cultiva ni se puede poseer.

Las convulsiones cesaron y el niño tuvo que pasar periodos de de desintoxicación sin ayuda médica, ya que en ningún centro se atrevían a internar a un niño de tan corta edad con niveles tan agudos de drogodependencia.

Hoy Jayden es un niño sano con sus tomas de aceite de Marihuana, pero ha perdido muchos años de crecimiento tanto mental como intelectual.

Pero su savia es fuerte y sus raíces lo hacen crecer arriba, verde y aliso. Absurdo principio, final feliz.

Once

Sumergirme en el agua,
de la calma acostada,
de la improvisación levantada,
tumbada pensando para ascender y saltar desde un lado.
Salpicar de gotas a los dormidos,
que permanecen medio muertos,
cortar los hilos,
desatar los cepos,
desmaquillar intereses vanales,
transformar besos en actos sociales,
abrazos en orgullos nacionales.
Quemar banderas, o mejor reciclarlas en ropas
con las que acunar ideas desnudas.
Hermanar a Abel con Caín por el mero hecho de
verse a si mismo en su reflejo.
Gritar a los sordos,
mirar a los ojos con tibieza de quien sabe lo que cuesta, acu-
nar sueños imposibles,
ser Ubuntu,
si tu eres lo somos todos,
si hay futuro es juntos y no solos,
los hijodeputas que nos cazan,otean,controlan sueltan sus
secuaces,
el miedo para vendernos con una sonrisa seguridad.
El depredador impasible caza,
si eres presa al menos estate DESPIERTA.

«En el curso de mis escritos y lecturas aprendí que la gente escucha lo que quiere escuchar y omite lo que no desea escuchar».

ANDREW WEIL, *La Mente Natural*

En abril de 1970 los doctores Weil y Zinberg publicaron en *Nature* un artículo llamado «*Una comparación entre consumidores y no consumidores de marihuana*», en él tras entrevistas a estudiantes de Boston en 1968, no se podía diferenciar quien consumía y quien **no**, es decir, no existían signos de deterioro intelectual evidente.

La transcripción en el artículo desapareció la palabra **no** y el *Washington Post* si que publicó en titulares al día siguiente «*La Marihuana Corroe el Intelecto, Afirman Investigadores*».

Por mucho que se hicieran de escuchar, quedaba claro y nadie podía borrar de las mentes de los lectores del diario que YO SOY perniciosa para la mente.

No se quiso escuchar ninguna explicación, ¿qué es mayor verdad que lo escrito en la prensa, aunque sean los propios autores del estudio?

Son diversas varas de medir, como la del juramento hipocrático:

Juro por Apolo, Asclepio, Panacea e Hígia y como por testigos a todos los dioses y diosas, de que he de observar el siguiente juramento, que me obligo a cumplir en cuanto ofrezco, poniendo en tal empeño todas mis fuerzas y mi inteligencia.

Tributaré a mi maestro de Medicina el mismo respeto que a los autores de mis días, partiré con ellos mi fortuna y los socorreré si lo necesitaren; trataré a sus hijos como a mis hermanos y si quieren aprender la ciencia, se la enseñaré desinteresadamente y sin ningún género de recompensa.

Instruiré con preceptos, lecciones orales y demás modos de enseñanza a mis hijos, a los de mi maestro y a los discípulos que se me unan bajo el convenio y juramento que determine la ley médica, y a nadie más.

Estableceré el régimen de los enfermos de la manera que les sea más provechosa según mis facultades y a mi entender, evitando todo mal y toda injusticia. No accederé a pretensiones que busquen la administración de venenos, ni sugeriré a

nadie cosa semejante; me abstendré de aplicar a las mujeres pesarios abortivos. Pasaré mi vida y ejerceré mi profesión con inocencia y pureza. No ejecutaré la talla, dejando tal operación a los que se dedican a practicarla.

En cualquier casa donde entre, no llevaré otro objetivo que el bien de los enfermos; me libraré de cometer voluntariamente faltas injuriosas o acciones corruptoras y evitaré sobre todo la seducción de mujeres u hombres, libres o esclavos.

Guardaré secreto sobre lo que oiga y vea en la sociedad por razón de mi ejercicio y que no sea indispensable divulgar, sea o no del dominio de mi profesión, considerando como un deber el ser discreto en tales casos. Si observo con fidelidad este juramento, séame concedido gozar felizmente mi vida y mi profesión, honrado siempre entre los hombres; si lo quebranto y soy perjuro, caiga sobre mí la suerte contraria.

¿Muy bonito verdad?, ¿cómo cambian las cosas con el tiempo?, ese era el juramento ancestral de los médicos

durante 2000 años, y a finales del 1800 sin saber porqué se cambia, se aspira a «controlar la dispensación de fármacos», con «poner toda clase de trabas a toda terapia o alternativa que pueda ejercer libremente», y «ayudados por el poder dominante obligue a que el paciente tenga prohibida esa elección por ley».

Ningún estudio real y serio puede decir con datos reales que YO SEA vinculada a un Síndrome Amotivacional, el único síndrome que funciona aquí es la verdad a medias, la realidad birlada, sesgada y escamoteada por grupos de presión, cómo se hizo con las medicinas populares que fueron motivo de acoso y derribo en todo el mundo por detrimento de médicos, cataplasmas de toda la vida por jarabes y pastillas, infusiones de manzanilla por protectores estomacales, melisa y tilo por antidepresivos.

El prejuicio ya está enquistado en vuestros cerebros y discriminar que YO SOY mala o buena cuesta mucho... si no mirad mi hermano el tabaco que no tiene nada que ver con lo que se fuma, solo cuando el gasto en dinero ha superado al negocio en impuestos, se ha dicho a cortar que se nos pudre el árbol.

No quiero ponerme pesada pero el alcohol es social y rentablemente óptimo y tan solo hay que decir a la gente o poner etiquetas que digan «*beba con moderación*», no ponen «*fume con moderación*», no es «*fumar mata*»... para mi no pone nada tan solo «*si te pillan a la cárcel vas*».

Así es que habéis montado un bancal herbáceo en el que los encargados que ejecutan la ley no quieren que YO SEA considerada legal, no sería mejor poner educación antes de castigo, los cárteles de la droga no quieren la legalización, las farmacéuticas tampoco, los políticos silban a ver donde pescan más votos y los que consumen por lúcida lucidez o por motivos medicinales se convierten a la vez en juguetes de políticos donde dije si ahora digo no, cautivos de farmacéuticas que quitan los **noes** de muchas informaciones, clientes de los cárteles que venden lo que quieren sin medir la calidad y los encargados de los estupefacientes pues a hacer horas extra, y el mundo sigue girando .

Humánico ¿verdad?

Doce

Por la senda andamos,
por el camino nos encontramos, somos manada,
somos piara,
somos recua,
somos muchos
y no somos nada.
Quien nos guía,
que pastor nos comanda,
nadie lo sabe y todos lo intuyen, siempre los mismos,
nunca los justos,
hacemos oídos sordos y seguimos andando. Miramos enfrente
y nunca a los lados, pues gira la cabeza,
a derecha,
a izquierda,
siempre hay senderos en los que internarse,
para ir solo de momento
pues en el hallaras gente transitando,
cada uno su senda,
sin mirar
a tumba abierta,
sin seguir a manada alguna
ni de borregos ni de humanos ciegos.DESPIERTA Y ANDA.

«La virtud como el mal es una cosa personal»

ARISTOTELES

Oí decir que la reina Victoria se trataba con Marihuana para sus dolores menstruales —dijo una voz ululante, que como no podía ser menos era la de un búho real—. Me lo contó mi prima Clotilde que suele ir en los veranos a los bosques ingleses.

Nadie dijo nada, todo era quietud de hojas y mutismo de ramas, tras un largo espacio humano de tiempo pero a penas una décima de parpadeo el vetusto roble habló por todos.

—¿Cómo es que sabes nuestra lengua?

—No se que la sabía, sencillamente oí voces y me acerque, como me parecía interesante me he quedado… ¿molesto?...

—No... esto !hummm!... no para nada, es que nadie recuerda que los búhos supierais o recordarais la lengua vegetal.

—En nuestras tradiciones también hay mitos sobre la lengua madre en que la todos hablábamos las misma lengua.

—Nos alegramos que se haya por lo menos establecido una conexión y eso no debe de ser nada casual, si acaso causual. Pero sigue, sigue, por favor.

—Pues mi prima Clotilde me dijo eso que la Marihuana fue uno de los remedios que tomó la reina de Inglaterra para sus dolores, ese tema salió a colación al comentarle que ya dormía mejor por el día. Tengo mi casa en el hueco de una vieja chimenea en deshuso de una casa cerca de Huerta Grande, no muy lejos de aquí. En esa casa vive una familia a la que nunca le ha molestado para nada mis buhonadas y mis ya van para ocho nidadas, en algunos lugares con la excusa de que ensuciamos nos envenenan o tapian nuestras casas, pero poco o nada se puede hacer... salvo ya sabéis irse a otro lugar. Perdón a otro de vosotros...

—Déjalo, continua —le contestó un pino cercano.

—Pues en esa familia vive una anciana que tiene una extraña enfermedad la que llaman fibromialgia, un mal de origen desconocido y del que cada vez hay más humanos afectados, pese a que como decíais

antes humánicamente no está reconocida en muchos ámbitos de sus vidas.

Dolores crónicos en muchas partes del cuerpo, malestares generales, alteraciones del sueño, fatiga en personas que siempre han sido muy activas y ahora se agotan a mínimo esfuerzo. Pérdidas de memoria. Durante estas ocho nidadas he visto a la mujer pasar de ser un ser vivo com sus limitaciones y proyecciones a pasar a convertirse en una pluma rota y quebrada, una ala que nunca podrá volar, para pasar después a recuperar si no el vuelo, por lo menos si la capacidad de volar aunque sea a espacios cortos de tiempo... está claro que nunca volveremos a ser pollos de nuevo pero al menos vivir el paso de las lunas y estaciones con dignidad de un pico que se desafila por el uso.

Son humánicos y absurdos estos seres, esconden algunas plantas que curan como a nosotros hacemos con varias de ellas al sentirnos mal tomándolas, no la usan como si ocultaran palabras en los candiles fríos que a veces se iluminan en las iglesias, poca luz para tan vasto espacio.

No comprenden que la naturaleza en sí es un descomunal experimento, aquí nadie delega en otra persona el tomar o no tal cosa o engullirla, revolcarse... la propiedad privada del ser es primordial desde siempre, es sagrada la decisión vital en cada momento.

Pasan las generaciones y no les cabe entre sus ojos, que la vida en sí es un infinito laboratorio en el que se experimenta, no es una lucha continua es una experiencia individual que repercute sobre lo global.

—El veneno de ayer es el remedio de hoy —dijo el roble.

—No existe el individuo, sin el grupo, y eso no entienden. A la mujer que os digo empezó a a usar aceite de marihuana y pese a que mejoró su calidad de vida, y sus alas como os he dicho se pudieron mover como en años no sucedía, a su casa llegaron quienes mandan y le quitaron las plantas y la quisieron llevársela para encerrarla en una jaula.

¿Qué especie no desea la mejora de su prójimo?

Y volvió a perder sus alas, y a tomar eso que llaman pastillas que la dejaron encerrada en un mundo interior de pesadilla y de eterna duermevela hasta que como un polluelo muerto de frío murió quizás soñando sus queridas plantas, la que le daban calidad y calidez de vida.

—Humánico —dijo un sauce.

—Ajá¡¡¡¡¡ —exclamaron muchos otros.

Trece

Este es un mensaje a flor de hielo,
es un secreto ataviado con una capa.
Hoy es el Día de la Tierra como si las palabras acotaran su
recuerdo, susceptibles y universitarios,
ecólogos y urbanitas cáusticos,
negacionistas e ignorantes del cambio climático,
neo rurales y fashion victims,
en el mapa cósmico este es nuestro telescopio,
iniciamos cada paso aquí y aquí lo acabaremos.
Hojas secas en la intuición del placer,
humus que hace crecer la materia joven,
bagajes atrapados en rejas de la materia oscura,
la que el ser humánico ha creado y concebido para medrar,
y tan solo recordar a quien lo sostiene,
y lo alimenta como olla podrida a albur del fuego interno.
Elemento parásito o mutualista cainita,
espíritu depredador al hacernos creer darwinistas,
cuando la vida es mutualidad,
se hace frente al futuro y se evoluciona con la revolución de
la asociación de entes.
Todos somos polvo de estrellas,
pedacitos de tierra,
esa a la que tan solo damos un día...
...la avaricia agosta hasta la anorexia meditativa el recuerdo,
ahoga el saber que el mundo es movimiento y nos movemos
con el.
Para mi mañana será un día de triste limosna antes de que

pasado mañana sea el día...¿del hielo filiado?,
¿de la relación secular?,
...
UBUNTEANDO CADA DIA QUE LA TIERRA FUNCIO-
NA EN GERUNDIO. INSISTO, INSISTO, INSISTO Y
VUELVO A INSISTIR.

«La única posibilidad de descubrir los límites de lo posible es aventurarse en el terreno de lo imposible».

Arthur C. Clarke

No se el porqué se acostumbran los humanos a poner nombres de *Día de...* a cada cosa, mi día el del cáñamo es el 20 de abril supongo que es cosa de artistas trasnochados o de conversaciones de cubitos tintineantes a altas horas de la madrugada.

Pero bueno como no me influye para nada me da igual que sea ese día que otro, el descubrimiento de sustancias puede a veces generar cosas diferentes, como se dice de R. L. Stevenson que escribió *«El Extraño Caso del Doctor Jekyll y Mister Hyde»*, en tres días y hasta las hojas de morfina y cocaína postrado en la cama, usando sin saberlo componentes químicos como llaves de entrada al *Espejo de Alicia*, al otro lado.

Así actuaron muchos artistas en Francia e Italia en su mayor parte conmigo,

donde yo era una componente muy conocido en todas las boticas y con soluciones

para varias enfermedades y dolencias que ahora parece que se descubren cuando

con tan solo mirar los Vademécum de principios del siglo XX se verían los

preparados y si se repasara la historia etnográfica y agrícola del campo galo se

demostraría la existencia de enormes zonas cultivadas conmigo, para telas,

medicina, cuerdas, libros... de hecho hay una creencia que se da en muchas

publicaciones de la época en la que se apuesta porque en diez años todas las

hojas de los libros sería de pasta de cañamo y que se dejaría de talar árboles

primarios en EEUU de donde procedían las primera trans-
nacionales madereras y

papeleras con pasta de madera.

Demasiado bonito y natural para que durara en vuestra hu-
mánica raza, una planta

que se cuida se seca y se transforma sin químicos, y con sus
semillas ya hay

cosecha para la temporada siguiente, los juegos de los inte-
reses siempre los

ganan quienes posen el poder y las influencias para ganar y
quien gana escribe

la historia, así de simple.

Francia con su cáñamo, Portugal con su opio en las colo-
nias, Holanda con sus

plantaciones de cocaína, de hecho las boticas, mundiales
eran un mercado

natural y normal de lo que más tarde pasarían ser estupefa-
cientes.

Y a tanta libertad y tanto dinero circulando los grupos de
poder empiezan a tejer las redes para echar mano a su tajada,
y todo empieza en EEUU con la caza de brujas que gastan
millonadas en publicidad e informes en los que se desprestigia
a los médicos que no estén facultados y a los mayoristas de
estas sustancias que no pasen por los colegios de farmacia o
de médicos, la política junto con las extrañas modas del puri-
tanismo, del protestastismos y evangelismos puros que piden
la prohibición de todo para que el hombre tan solo se rija por
dios y su libro, se conjugan los votos con la *Ley Seca* que es el
inicio a escala mundial del narcotráfico y del mercado negro y
trafico ilegal de las sustancias prohibidas.

Durante ese extraño lapso de prueba abstemia morirán ti-
rando por lo bajo unas 30000 personas por alcohol adulterado
o usar el metílico como elemento para mezclar.

Se contabilizan unos 123.000 casos de gente con lesiones
de por vida por ese

mismo consumo.

¿Cuántos sumarán hasta hoy?

¿Alguien ha contabilizado las muertes por consumo de Marihuana?

No interesa ¿verdad?

Catorce

El deslumbramiento tiene los ojos oscuros,
haces de luz que inciden en la angustia y para evitarlo tan solo
buscamos... ...cubriendo de colores desde invierno a primavera
con agitadores de cerebros como olas en acantilados de neón...
...acompañando los días desde el otoño al verano inquietos
por nuestros cuerpos que acusan la infelicidad trasnochada...
...pero informamos de que ha ocurrido algo extraordinario,
se han hallado curiosa y con delicadeza trenzados, dedos para
ser besados con la frescura de un giro espontáneo de planetas,
bayas, flores y frutas son alimento de dioses,
para coser los rotos del alma,
pasear entre robles de furiosos torrentes nudos entre brumas
de hojas,
sacacorchos de silencios que hacen borbotar palabras nun-
ca dichas para oídos prestos a animar a eternidades que no
ahogaran mundos urbanos...
...alejarse del mundo de luces y pompas de cartón piedra,
para mutualizar en tierras abiertas,
precipicios por los que caer a plomo en realidades que gol-
pean con su bieldo corazones fríos hasta hacerlos de fuego...
...descalzo y a pecho abierto,
a mente florida y corazón cantarín...
...en la Pachamama marcada para seguir el camino...
...para regresar con los bolsillos de la mente llenos de
palabras ubuntianas que repartir...

«Cuervo no come cuervo»

Dicho popular

—Recuerdo las viejas calles del asentamiento cercano de donde me sacaron, eran de tierra batida por el paso de animales y monos pelados, eso que llamáis humanos —dijo una voz estridente tras un suave aleteo, era una pequeña ave de bellos plumajes—, no pertenezco a estos bosques, pero mis congéneres no hemos olvidado la lengua arborícola, aunque somos hostigados y perseguidos para encerrarnos en jaulas. Del mismo modo en que como dijo la palmera que la usaron como ornamento.

—Bienvenida… —dijo el venerable roble.

—Bienvenida o nido, da igual —pió bellamente como su plumaje multicolor—, lo que os parece raro aquí, o sencillamente humánico, es en la selva de donde provengo algo cotidiano y normal hasta que ya hay generaciones de todas las especies animales que ven anormal un día sin máquinas que tale, perforen e hieran la tierra. Algo tan misterioso como un ave de ocho alas el que un mono pelado al que vosotros llamáis humano te acoja y no te use como comida suya, de otros animales, te quite las plumas en vivo, te despelleje, te quite la piel y te abandone moribundo, o sencillamente te mate por diversión.

La selva es abundante y casi infinita en presencia de seres del Pueblo Verde, pero su número no los hace invencibles, al contrario su unión, su mutualismo, su unidad junto con nosotros los animales es lo que nos ha hecho fuertes, si cae una especie, si falta una sola especie se quiebra la trama de la vida, y las lluvia arrastra el suelo como un río arrastra un nido caído.

El mono pelado, al que llamáis humano se acerca despacio como lo hace un rayo, sin avisar oculto entre la benévola presencia de una lluvia en la tormenta.

Llegan solos, sin hacer casi ruido con pocas cosas, y con pensamientos a los que no podemos acceder, ya que están desconectados aunque se llamen civilizados, y no hechos de humus, agua de lluvia y hálito de cielo.

Miran, estudian, diseccionan, fotografían y catalogan para después hacer un inventario una lista de seres vivos, de naturaleza para destruir y depredar.

Y lo que más les gusta es sacar todos los secretos al Pueblo Verde para luego ya en sus selvas de cemento usar su depredación de componentes robados para generar sustancias artificiales con las que generar eso que los monos pelados que llamáis humanos denominan dinero y que es la fuente de todos sus males... nada se destruye si no es para, por, cómo, cuando y quien rige su número en cifras.

No buscan una mutualidad para todo, ni dan un beneficio acorde a lo que usurpan.

Una vez todo violado, llegan el resto en manadas inclasificables, primero son los venerables árboles que son derribados con cuidado mientras lo que hay a su alrededor es pisoteado y triturado, da igual que sea animal, vegetal o mineral. Luego en su rígida y metódica clasificación una vez extraída la madera que consideran preciosa, llegan otras manadas que perforan y desmenuzan rocas y tierra, los lugares que no les interesa es invadido por pobres agrupaciones de ganado que comen y comen los rastrojos de la selva para engordar y ser convertidos en carne para generar dinero.

Plantan vegetales sin sexo ni semillas que son regados con venenos que acaban con los insectos y animales que han conseguido sobrevivir.

Todo lo que tocan es para generar eso que los monos pelados que llamáis denominan beneficio, y para obtenerlo no hay límites mentir, sobornar y sin vergüenza cambiar de opinión...

La empresa farmacéutica X, donó el año pasado una gran cantidad de dinero en contra de la legalización de la marihuana en en estado de Arizona, mientras era aprobada por la DEA su fármaco de THC sintético.

X donó más de medio millón de dólares a una organización responsable de la política de drogas y que representaba aproximadamente el 10% de total del dinero que el grupo anti-cannabis tenía contra la Proposición 205 que legalizaba la marihuana en Arizona.

X dio dinero para oponerse a la legalización.

X y su fármaco sintético ha sido aprobado por la Administración de Alimentos y Drogas para el tratamiento de náuseas, vómitos y pérdida de peso en pacientes con cáncer y SIDA.

En otras palabras, cuando la marihuana se cultiva y se utiliza como un medicamento en su forma natural, la DEA lo clasifica como(fármaco sin propiedades medicinales muy adictiva) junto con la heroína, cocaína y metanfetaminas.

Una historia diferente es cuando el THC es sintético y producido y dirigido por X contra la campaña de la marihuana.A continuación, la DEA no es tan exigente cuando el THC sorprendentemente ya tiene propiedades medicinales.

...humánico como decís vosotros de los monos pelados.

Quince

Complementarios en la promesa de volver,
un día de delgado perfil y de perdidos regalos,
horas sin usura de besos,
sin que cierren los caminos a las hadas de los sueños,
y sus alas brillen en las miradas de todas las esquinas,
allí donde se esconden en su filo las cometas volátiles de los
deseos.
Voces parpadeantes que cantan en susurros de hálitos verdes,
sentimientos acompañados de sorprendentes seres,
cantos de aves furtivas, a veces clandestinas ocultas entre las
frondas,
conversando entre la infinitud de la sapiente red de raíces
descocadas.
Frases sacadas de una caja de tesoros,
nombres anotados con esmero en poemas explicativos que
desconciertan a los alfileres del frío en invierno,
y a los tibios soplos en verano.
Magia en la sombra de los terrados de hojas,
minutos tensos en los que todo puede suceder,
a cada paso en cada círculo del Paraíso,
ojos cabeceantes que van de un lado a otro mientras el alma
se relaja, se arboriza... se une con los hermanos y hermanas
dispersados
por mundos lejanos... allí está el universo... en un puño suave
que se abre para dar sortilegios y prebendas... allí en el Jardín
Botánico,
en el templo de todos...

«La mitad de lo que nos enseñaron en el colegio no eran más que ficciones. La historia no es más que un teatro de marionetas para mentes infantiles».

JOHN TWELVE HAWKS *(El Viajero)*

Un estudio reciente reveló que en tres estados de Estados Unidos bajó notablemente el consumo de alcohol en la población luego de que se legalizara el uso de cannabis. Considerada la 'puerta de entrada' a las drogas, la marihuana también puede ser «puerta de salida».

YO SOY varias cosas, y SOY para vosotros lo que quieren que sea para la opinión pública.

Se constató que en aquellos estados donde el consumo recreativo de marihuana es permitido (Oregon, Colorado y Washington), los índices de consumo de cerveza bajaron de entre 3 y 6%. Y si consideramos que California pronto se integrará a ese grupo, entonces podemos suponer que la industria del alcohol recibirá un duro golpe pero, sobretodo, que esto podría impactar de manera positiva en los índices de salud pública y reducción de crímenes y accidentes. YO SOY solo recetada cuando los otros fármacos no han surtido efecto, en Holanda está penado el autocultivo y mi precio medicinal es abusivo y los enfermos vuelven al círculo del narcotráfico o los *Coffe Shops* para tener su suministro.

Los argumentos a favor de la legalización de la marihuana son incontables. No por que la marihuana sea una panacea, pero el sentido común, las estadísticas y la trágica historia de la «guerra contra las drogas» provocan este florecimiento explosivo de razones sociales, económicas, culturales y, también, en materia de salud pública.

En Israel está prohibido el autocultivo, pero pueden obtenerme previo pago mensual a un distribuidor legal. Pero... ¿por qué no utilizarme tal y como SOY?, que manía con manufacturarlo todo.

Si el Estado es el que debe cuidar por sus ciudadanos, dando vía libre al autocultivo, es el mismo el que se libera de dicha carga, tanto administrativa como económica... ¿o es que hay otros intereses?

En Uruguay se regula mi valor a precio de costo, y se dan licencias de cultivo, así se veta el narcotráfico. Si el Estado desea un control, hay lo tiene.

En Canadá hay autorización para el autocultivo, pese a que el gobierno conservador lo prohibió para entregarlo en manos de cultivadores autorizados, tras recurrirse la decisión, vuelve a ser legal el autocultivo medicinal.

Absurdo... o no tanto, ¿queremos una Monsanto con sus semillas patentadas y manipuladas o una libre Soberanía de Semillas?

Dieciséis

En las inmensidades de la despensa humana,
comer para vivir y una vez viviendo se busca el placer,
la gastronomía,
siempre con equilibrio sin dificultad,
los alimentos de hoy son las creatividades a veces sacadas del
hambre, que como dice el dicho agudiza el ingenio.
Cada lugar ha arraigado una forma de producir y qué generar,
hasta que llegó el monstruo globalizado,
a lomos de hipermercados con caretas que escondían tahures
malvados, jugando con cartas llamadas dinero,
repartiéndolo como cromos en la puerta de los colegios políti-
cos. Maquinaria en marcha,
chirridos de engranajes demagógicos,
peroratas a pie de púlpito popular,
discursos en letras negras sobre blanco,
en libros de texto que acomodaban la llegada de los necios,
la avanzadilla del ejercito global,
aséptico,
financiero facineroso,
y se creó la mentira vestida con los harapos de lo pueblerino.
Lo moderno es lo mejor,
se dejaron de seguir tradiciones,
se olvidaron por vergüenza lenguas,
canciones se escurrieron en los vertederos de pueblos
abandonados,
Desaparecieron gallinas en autobuses,
botas de vino artesano,

frutas y verduras bastas, cubiertas con el hálito de una tierra ancestral.

E hicieron creer que todo venía de algún lugar extraño,
en el que todo era perfecto,
una manzana era exposición... sin saber a nada,
la semilla de chía no es un ser ancestral,
ahora se llama oligoelemento de moda.
Juegan con nosotros y con los precios como lo hacen los locos demasiado cuerdos,
prefiero mil veces a el Tío Julián en la bodegueta del barrio en el que solo tengo tres arroces a elegir,
a la verdulería de Paco que adquiere sus productos a pie de campo,
y a todos los tenderos que sobreviven día a día bajo la oscuridad
que les han dado los flashes y oropeles del mercado libre.
No es que lo tradicional, casero y artesano sea más caro,
es que quien maneja los hilos, (no llega a diez compañías alimentarias multinacionales), hacen que lo otro sea más barato,
condenando a quien lo produce a la miseria del freír y comer,
para seguir exprimiendo y convirtiendo a quien apuesta por lo tradicional en mero vendedor de souvenirs culinarios de fin de semana.
DESPERTAD QUIENES CONSUMIMOS SOMOS NOSOSTROS,
COMO SE DICE UNA COMPRA UN VOTO... ARRIBA LAS RAMAS Y LA SOBERANIA ALIMENTARIA.
UBUNTU LO TUYO Y LO INDIGENA. QUIERAS O NO LO ERES TU.

«El miedo surge de la incertidumbre.Donde hay certeza no hay miedo».

STEPHEN LAWHEAUD, *Bizancio*

Aún no se habían repuesto de las aves parlantes cuando apareció una ardilla en el calvero del bosque, se plantó frente al gran roble y mirando a su alrededor descargó unas hojas que llevaba enrolladas cuidadosamente.

—Hola a todos... menos al castaño que últimamente da pocas castañas y amargas —empezó diciendo—, estaba en la linde del bosque cuando oí un rumor y al tocar el tronco del haya en la que estaba sentada escuché anonadada hablar a vosotros. Y que bueno y que casualidad pues yo utilizaba a veces el cannabis que acaban de incinerar, es más aunque me veis salvaje, llevo muchos años entre los humanos, en sus parques y en sus terrazas, nada más fácil para alimentarse hoy en día, lo único es que su alimentación es perniciosa y al poco te salen chichas por todas partes y cuesta subir a los troncos si sale un perro o un gato juguetón.

Utilizaba el cannabis de ese campo para controlar mis temblores en las articulaciones tal y como se que una vecina de la zona, humana hacía... pero escuchad.

La ardilla desenrolló las hojas y empezó a leer en voz alta:

«¿Qué hago si dejo de cultivar? ¿Pasarme la vida en silla de ruedas?». Adriana Funaro se refriega los ojos llenos de lágrimas. Su hija Micaela le frota la espalda con una de sus manos, le sonríe y le alcanza un mate levemente dulce, que su mamá toma como quien recibe un abrazo. Cada gesto de contención —una caricia, el mate, una visita— es lo más parecido a sentirse a salvo. Es que la historia de esta mujer de 46 años se convirtió en ejemplo del absurdo: hace casi 40 días que está presa por cultivar cannabis que usaba para fabricar su aceite, el único remedio que le calma los dolores de su artrosis, mientras al mismo tiempo se aprobaba la ley del uso medicinal de esta planta milenaria.

Apenas 48 horas antes de que los 58 senadores votaran por unanimidad la ley que permite el uso medicinal de la marihuana, el juez penal Horacio Hryb confirmó la prisión preventiva de esta mujer, al considerar que las 36

plantas (eran 22 más 14 plantines) son prueba suficiente para acusarla de sembrar y cultivar para comercializar, un delito grave que no contempla la excarcelación (con una pena que va de 4 a 15

años).

Sin embargo, no hay más pruebas que la suposición.

Y mientras en el salón Arturo Illia del Congreso, las madres y compañeros de militancia de Adriana —una activista reconocida por sus pares— celebraban el miércoles pasado la aprobación de una

legislación histórica, ella miraba por televisión la novedad, por la que había luchado tantos años, encerrada en la casa de su hija, donde cumple la preventiva con una domiciliaria.

Funaro está presa porque una artrosis le comió la rótula. Si no se hubiera enfermado no estaría siendo investigada por un juez penal, ni presa ni dolorida como estaba el día que recibió en la casa-cárcel de su hija a Infobae. Desde que la detuvieron dejó de consumir el aceite que producía, hecho con una cepa de cannabis determinada, por lo que el dolor volvió a dominar su cuerpo y su espíritu. Una trampa fatal. En estos días, algunos cultivadores solidarios le acercaron jeringas con aceites de otras genéticas, pero no le producen el mismo beneficio que el que ella había fabricado.

«Mi caso es sobre mi derecho a poder vivir, a tener calidad de vida, a la salud. Si no tomo aceite de cannabis no puedo caminar», dice Funaro, quien la semana pasada llegó esposada a una audiencia judicial, como si fuera un narco. La llevaron dolorida, casi sin poder caminar, y Adriana se descompuso, por su artrosis y por el pavor de estar frente al estrado. La audiencia debió postergarse hasta que los médicos la estabilizaron. «Hace 40 días que estoy sin la medicina, si sigo así termino en silla de ruedas. No puedo apoyar el pie. La artrosis es así».

Funaro, que lleva tatuada la planta de cannabis florecida en su brazo izquierdo, fue diagnosticada

con artrosis hace tres años. Tenía dolores muy fuertes en sus rodillas y también en su espalda. La medicina tradicional que le recetaron al principio le hizo daño en el aparato digestivo y le generó una úlcera. Ella consumía cannabis antes de esta enfermedad, lo que la ayudaba para superar sus ataques de pánico.

Al asumir la enfermedad, Adriana empezó a profundizar en las propiedades medicinales, que ya conocía porque había militado con otros activistas de zona sur del Conurbano ayudando a pacientes

del Departamento del Dolor del Hospital Tornú. Así que probó cultivando diferentes cepas en el jardín de su casa. Lo que le servía para su artrosis, lo consumía. Y con lo que no le quitaba los dolores lo usó de manera solidaria con otros enfermos. «Tenía una amiga con VIH que cuando me visitaba

venía blanca, vomitando, y cuando fumaba cannabis le volvía el color, comía, se reía. Ahí tomé el compromiso de que a ella no le podía faltar más. Había que estar a su lado», cuenta.

También lo hizo con Delfina, una nena de 3 años que padece microcefalia severa y que desde que empezó a tomar aceite de marihuana dejó de sufrir convulsiones. «El cambio de Delfina es impresionante. La conocí cuando era como una plantita, con convulsiones que le duraban hora y media. Tenía cinco o seis por día. Eso no era vivir. Es algo que no se puede creer. Sus papás estaban desesperados. Y les dije que los iba a ayudar».

Una de las aristas del absurdo que sufre Funaro es que por ser cultivadora solidaria, y admitirlo, está infringiendo el artículo 5 de la ley de drogas. «Mi cultivo no era sólo para mí. Lo compartía con Delfina, con Valeria, una señora con cáncer, y con otra señora con Parkinson, que llegó a través de su hija, que es médica. Mi idea es ayudar a cada persona que lo necesite», dice, convencida de que lo que hace no es un delito. «Yo no acepto ni que me traigan facturas en forma de agradecimiento», aclara.

Y por eso nunca escondió las plantas. Lo que la llevó a prisión no fue una investigación policial, ni evidencias de que vendía cannabis. Ocurrió porque su vecino la denunció después de una disputa por la construcción de una medianera. Hasta ese momento, la relación de Adriana con su vecino había sido cordial, incluso, cuenta ella, le dio aceite a la esposa del hombre, quien finalmente la denunció en enero pasado.

Es decir que: si no se hubiera enfermado de artrosis o no hubiera querido construir una medianera, Funaro no estaría presa. La ley de drogas, sancionada en 1989, está castigando demasiado a Funaro. Con este antecedente penal, aunque mañana sea sobreseída, va a tener problemas para trabajar como mandataria, que es a lo que se dedica, porque se necesita un certificado de antecedentes penales. «Ya es un problema. Estoy viviendo de mi hija porque mi ahorros se los llevó la Policía en el allanamiento», protesta resignada porque sabe que nunca le devolverán ese dinero.

Adriana recuerda los tres días que estuvo encerrada en un calabozo policial como si fuera narcotráficante. La primera noche fue en la comisaría de Tristán Suárez, donde fue contenida por las otras cinco detenidas que compartían el agujero de dos por dos. «Tengo 46 años y nunca pisé una comisaría. Pero ellas fueron las que más me contuvieron. Me hicieron la cama, vieron la dificultad que tengo para caminar, me hicieron tereré, me contaron sus historias y me hicieron olvidar de la película de terror. Me trataron mucho mejor que lo que me trata el Estado», ironiza. Después la llevaron a una subcomisaría que todavía no fue inaugurada. Estuvo sola allí una noche, custodiada por un subcomisario, acostada en un colchón. Y la tercera noche la «alojaron» en el hall de entrada de la DDI de Ezeiza, donde, según cuenta, hasta los propios policías le admitieron que su detención no tenía sentido.

Pero el sarcasmo se le acaba a Funaro cuando corporiza la sensación de estar siendo prejuzgada con la prisión preventiva por una Justicia que tiene los ojos vendados, pero no para no ser imparcial sino para contemplar matices y nuevas realidades sociales, en este caso, ya aceptadas por el Poder

Legislativo nacional con una nueva ley. El día de la aprobación en el recinto, fueron los propios senadores quienes advirtieron que la ley se quedaba «corta» y que había que comenzar a discutir la legalidad del autocultivo, al menos en los usuarios medicinales.

«¿Qué quieren inventar?», se pregunta Funaro y se le escapa de la boca la impotencia. «Siento que me cambiaron la vida por completo. No soy la misma persona que antes. Y yo no puedo dejar de cultivar. ¿Quién me va a dar calidad de vida? Yo elijo vivir sanamente. Cultivo mi planta, hago mi aceite y llevo mi vida normal sin molestar a nadie. ¿Qué hago si dejo de cultivar? ¿Pasarme la vida en silla de ruedas?», pregunta al aire, detenida en el estupor, mientras observa cómo por el otro lado de la ventana de la casa de su hija se mueve el barrio del conurbano donde vive al ritmo de siempre.

Funaro y su abogada, Victoria Baca Paunero, esperan que la Justicia revea su posición a partir de la votación de la ley. Esta semana se presentarán ante la Cámara de Apelaciones provincial con un recurso para que se revea la decisión del juez Hryb de confirmarle la prisión preventiva. Adriana no entiende que todo esto pase por culpa de unas plantas que crecían en su jardín, y que son tan

importantes en su vida, mucho antes incluso del diagnóstico de su artrosis.

«Yo tuve una depresión muy profunda muchos años», confiesa, y explica que fumar cannabis fue determinante como acción terapéutica en su vida ya hace unos diez años. Fue cuando necesitó sobrellevar la muerte de su padre, asesinado en el asalto 33 que sufría en su almacén, en el barrio de Haedo.

—Hubo un momento que no entendía mi vida, y el cannabis me enseñó a ser más paciente, a mirarme por dentro, a escucharme, me hizo equilibrar.

—¿Cómo explicaría esa enseñanza?

—La planta me salvó por dentro. Es amor puro. Me ayudó no sólo con la artrosis. Pensar que puedo ser solidaria con otros, dar lo que hago en mi casa en plena intimidad, para otras personas que vienen con el alma en sus manos pidiendo ayuda, con un nietito convulsionando... no entiendo.

Entonces Adriana hace silencio, quita la vista de la ventana. Otra vez se le llena la mirada de lágrima.

La última pregunta la hace ella: «¿Por qué no puedo ayudar?».

Escrito por Fernando Soriano para Infobae.

La ardilla volvió a doblar una de las hojas y todos los seres verdes conectados movieron sus hojas, en realidad si que habían humanos conectados, en el mutualismo, que comprendían que la planta era uno más, amor... naturaleza.

Diecisiete

Desde lo intranscendente,
un suspiro,
un frotar de ojos,
un bostezo,
un palpitar de sienes,
un picor en la punta de la nariz,se transciende. Porque somos
conscientes de nuestro cuerpo. Desde lo transcendente,
una muerte,
una enfermedad,
un nacimiento,
una recuperación,
se intransciende.
Porque nos damos cuenta de que poca cosa somos.
Desde lo cercano,
nuestras cosas mundanas,
objetos que llenan el ego,
nuestro dinero,
se llega a lo lejano.
Malsana lejanía que soñamos con objetos nuevos y posesiones.
De lo lejano,
una imagen de un bosque,
un volar de un águila,
el mover de cola de un perro,
un mimo gatuno,
nos envuelve lo cercano.
Benévola sensación de saberse conectado y sin poseer nada.
Intranscendencia de lo vanal y la dispersión de la mente

vagando por mundos apartados, cuando nuestro cuerpo es el arma que se nos ha dado para experimentar y transcender, uniendo lo cercano y lo lejano en un todo, nada más sinónimo que muerte y nacimiento, salud y enfermedad... vida no más. Solo siendo uno era ser todos se puede comprender la hojita al viento que somos... unida al árbol humano... SE UBUNTU, se tu, Y DA LO MEJOR PARA QUE SE LEVANTEN LAS RAMAS Y EL BOSQUE BRILLE.
SE LUZ.
DESPIERTA.

«El mundo es una rosa.Respírala y pásala a tu amigo».

Proverbio turco

El Protocolo sobre la prohibición del empleo en la guerra de gases asfixiantes, tóxicos o similares y de medios bacteriológicos, usualmente llamado Protocolo de Ginebra, es un tratado de prohibición del uso de armas químicas y biológicas. Fue firmado en Ginebra el 17 de junio de 1925 y entró en vigor el 8 de febrero de 1928. Se registró en la Serie de Tratados de la Liga de las Naciones Unidas el 7 de septiembre de 1929.

Prohíbe el uso de armas químicas y armas biológicas, pero no dice nada acerca de la producción, almacenamiento o transferencia de ellas. Más tarde, otros tratados cubrieron estos aspectos (la Convención sobre Armas Biológicas en 1972 y la Convención sobre Armas Químicas en 1992), en el quedó resuelto el tratamiento sobre las inspecciones de determinadas drogas pero nada se dijo sobre las cuotas de su cultivo se limitarían sus producciones al uso médico y científico de la producción, venta y uso.

Ahí nace toda la red de control que se cierne sobre MI y sobre más sustancias, en ese mismo protocolo me incorporan a MI y a la heroína ya manufacturada, se prohibe la exportación de MI resina a los estados en los que esté prohibido su uso y se interpela a pedir un certificado de importación.

Ahí se da el primer paso para la incautación.

Y siendo Inglaterra la que presionó para que se incorporara MI nombre, absurdo siendo la reina Victoria una de mis usuarias y los descomunales estudios ordenados por los colegios de médicos sobre su toxicidad y su uso médico y lúdico, como siempre entra por medio vuestra política.

En las colonias, especialmente en las de mayoría islámica, se defendía el uso del hachish por encima del alcohol y del tabaco y en contra total de la heroína, especia con la que se pagaba a los contratistas y estos a los peones, YO os recuerdo que el opio valía como oro, igual que antaño lo fue el azafrán, las semillas de cacao o YO MISMA.

Los países tradicionalmente productores no tenían ni presencia, no voz ni voto por lo que los estados colonialistas manejaban el cotarro como ahora se hacen con los precios las multinacionales de la alimentación.

YO ERA un producto incómodo para los colonialistas y la política se comió a la realidad.

Y así uno a uno los países conforme pasaron los años se fueron sumando a esta cada vez más anglofona idea, ahora apoyada a partir de 1936 por EEUU con mucha intensidad, coincidiendo con su Ley Seca.

YO no lo entiendo, tomarme si SOY droga o Me han definido como tal es malo, el alcohol y los barbitúricos no son drogas, son estimulantes sociales... ¿hay diferencia entre tomarse algo de MI en modo lúdico en una conversación entre amigos que tomarse una copa para lubricar las palabras?

Dieciocho

Lo efímero por lo vital,
la eternidad es para los tejos,
la vida no se escurre entre los dedos como se dice, empapa el
alma y se cuela por todos los resquicios del ser. No miremos
el fin, que existe,
miremos lo que nos queda,
el pasado es una huella borrosa en la niebla,
el futuro un reflejo de quimeras,
el presente un hacedor de Ubuntu,
Ubuntu como vida,
para eso vivimos.
¿O es que seremos los más ricos del cementerio?,
¿los más chic antes de que llegue nuestro choc final? Abramos
los ojos a lo que nos rodea,
miremos con otros ojos,
tele transpórtate a la naturaleza,
no te tele sofaburricies.
Habla con las plantas,
sonríe a los seres vivos que te rodean, incluyendo a los
humanos, son los más difíciles. La vida se hace al vivir,
se vive al sentir,
sentir es experimentar,
experimentar es fundirse con el entorno,
el entorno es la ventana entornada,
entreabierta al universo,
grande,
descomunal,

tan enorme como pequeños somos,
no hay diferencia,
tan solo perspectiva.
DESPIERTA .

«Eres dueño de lo que dejas en Libertad»

Proverbio chino

La ardilla se aclaró la voz se rascó la cola y desplegó otra de las hojas. —Con su permiso —dijo antes de seguir leyendo.

Hace unos meses, saltaron a la palestra mediática por el proyecto que iniciaron en las montañas del valle de Punilla en Córdoba (Argentina). Tras la nueva ley que legaliza el cannabis medicinal, hablamos con Paula Culaciati, fundadora de Bendito Jardín.

Hace unos meses, gracias a la prensa argentina, nos enterábamos de la noticia de que un grupo de personas mayores, llamado Bendito Jardín, se había reunido para conformar un grupo de presión en el Valle de Punilla (Córdoba, Argentina), con el que comenzar a reabrir y presionar dentro del debate del cannabis medicinal.

El grupo, llamado Mayores Cultivan (en redes están como Bendito Jardín), tiene por objetivo servir de escudo frente al prohibicionismo hasta ahora vigente para ayudar a las personas más jóvenes y a todos los usuarios que emplean el cannabis con fines medicinales o lúdicos.

En muchas ciudades de Argentina se está luchando activamente por la legalización sobre todo, medicinal del cannabis. Son muchos los grupos de acción cannábica que se están organizando y prueba de ello, ha sido la ley que se promulgó hace apenas una semana en el Senado Argentino.

Nekwo se ha interesado por saber de donde surge todo esto, ver cómo funcionan y que es lo que pretenden estos mayores que cultivan en Argentina. Por ello nos pusimos en contacto con Paula Culaciati, presidenta y portavoz de la asociación para que nos respondiera a unas breves preguntas que queríamos hacerle. Aquí abajo os dejamos la transcripción íntegra de éstas.

¿Cómo surgió el proyecto? ¿Qué es Mayores cultivan o Bendito Jardín?

El proyecto surge de la necesidad que tenemos los mayores (hablo de personas de más de 50) de dar la cara, empoderarnos del conocimiento y la experiencia que poseemos para manejar nuestra salud libremente y apoyar a los enfermos que encuentran en el cannabis y sus derivados una solución a sus dolencias.

¿Tenéis apoyo de las autoridades? ¿Habéis tenido algún problema en la constitución de la asociación?

Obviamente no tenemos apoyo de autoridades ya que en Argentina todavía es considerada un estupefaciente peligroso y su cultivo esta penado por la ley. Tampoco hemos perdido tiempo en constituirnos como asociación, ya que buscamos ser una red orgánica, virtual, sin limitaciones.

¿Qué proyectos tenéis ahora mismo en marcha? ¿Cuáles son vuestros objetivos a corto plazo? ¿Y a largo plazo?

En nuestro país se esta tratando una ley para poder importar aceite de cannabis de otros países y comenzar una investigación local, cosa que nos parece insuficiente e inaccesible a la mayoría.

No se contempla el cultivo, por lo cual estamos buscando otras alternativas legales, como un amparo

masivo de enfermos y sus familias para poder cultivar y producir la cantidad necesaria para los remedios, sobretodo de los indigentes y adultos mayores sin recursos económicos para costear tratamientos caros. Lograr la masa crítica necesaria es un objetivo a corto plazo, a medio es conseguir un amparo para cultivar y a largo, pero no tanto, es lograr que se retire de la lista de estupefacientes a la planta de cannabis Sativa e Indica, lo cual depende del Poder Ejecutivo, no del Legislativo.

Hemos leído que habéis propuesto la creación de un centro de investigación cannábica que ayude a estudiar las terapias y los fármacos derivados del cannabis para adjuntarlos en nuevas prescripciones médicas ¿cómo va esa propuesta?

Estamos ahí. La ciencia logró demostrar algo que en la práctica milenaria estaba plenamente demostrado, que es el efecto que hace esa planta específicamente en nuestra salud.

Es una planta tan sabia que no se deja sintetizar; los laboratorios están desesperados por sintetizarla y empezar a lucrarse con ella, pero no lo han conseguido. Por ello queremos se estudie. Debemos investigar para proporcionar a los enfermos nuevas terapias.

En Nekwo esperamos que os vaya todo como prevéis y sigáis contribuyendo a la normalización del cannabis de la forma que lo estáis haciendo. Acciones como esta son las que hacen falta. Gracias por atendernos. Seguiremos al tanto de vuestras novedades para continuar informando a nuestros lectores.

Escrito por Fran C. para Nekwo.com.

—Hasta los venerables ancianos saben que las plantas son sabias y en especial el cannabis que no pueden sintetizarla, es decir hacerla artificial al cien por cien.

—Que les caiga un rayo en sus raíces —dijo el pino negro siempre impetuoso.

—Que se le pudran las yemas —soltó con una risotada la higuera del Huerto Grande.

—Que sean pasto de los herbívoros voraces esas lucrativas empresas —añadió un chopo adormilado.

Diecinueve

Anillos de colores para dedos artríticos de no pasar hojas de libros,
pulseras para muñecas acostumbradas a girar solo hacia un lado.
Colgantes de madreperla en cuellos esbeltos de cisne que
esconden patitos feos bajo un cascarón de caja de calcio,
donde igual dentro hay algo llamado cerebro.
Celebramos cosas afuera, nunca dentro,
enjoyamos vicisitudes gregarias y nunca engalanamos
nuestros logros reales.
Diamantes para sonrisas a quien nos cae mal,
rubíes rojo sangre para quien ayuda a quien hace falta y no se
pone con la manada a babear sandeces estereotipadas.
La joyería es un arte que fragua deseos y luces,
pero la verdadera joyería enseña que cada pieza es única,
que no hay dos iguales y que el significado de ponérsela
va más allá del simple hecho de lucir.
Pendientes que den lecciones de ignorancia supina a quien
balbucee palabras que no nos hagan crecer.
Tiaras en frentes que nos unan y no nos diferencien,
más allá de los hálitos volubles del sol que fraguan calores
en cuerpos fríos y vacíos.
Que la joya sea siempre como fue,
ornamento que vaya a la par del alma,
complemento que de fe de lo alcanzado en el sendero del
tiempo.

«En tanto que haya alguien que crea en una idea, la idea vive».

JOSE ORTEGA Y GASSET

Si pudiera preguntaros algo, os diría, ¿para vosotros que es en realidad un estado alterado de conciencia?,

Alterada vuestra conciencia respecto a qué... si cada ser experimenta a su manera, si un cuadro puede tener un millón de interpretaciones en un millón de observadores.

¿Cuál es ese estado que supuestamente mi THC transforma vuestro cerebro en algo pernicioso?

En todos los sitios en los que se ha legalizado MI uso medicinal no se ha incrementado el consumo de otras drogas, y el abandono de opiáceos, que si son adictivos en todas sus formas legales y farmacéuticas , de reconocida toxicidad y nivel adictivo por encima de la media, siendo incluida YO en la misma lista de los tóxicos superadictivos.

Y es que un componente como YO es una bendición encerrada de peligrosos campos minados para las tramas políticas, siempre olfateando como hábiles perdigueros, la mano que da donaciones y votos neosofistas.

Como dijo Timothy Leary Turn On significa transcender tu mente tribal secular para entrar en contacto con los numerosos niveles de energía divina que yacen en tu conciencia; Turn In significa expresar y comunicar tus nuevas revelaciones en actos invisibles de glorificación, gratitud y belleza; Drop Out significa separarte armónicamente y despacio de lo mundanal, hasta que tu vida entera esté dedicada a la veneración y la búsqueda.

Búsqueda de uno mismo, como ser rodeado de otros seres, y dentro de ese grupo se haya la unidad, YO SOY creyente de ese Ubuntu, ¿y tú?

Llegaron los 60 y pasé de ser una sustancia solo socialmente vista y policialmente delimitada para clases sociales bajas a ser consumida por todos los sectores de la población americana.

Dijeron de mi que era la llave que abría las puertas de la percepción creativa, un método de expansión de conciencia, de ahí mi pregunta anterior.

¿Qué cambio de percepción busca el humano cuando me consume lúdicamente, cuando se hace un gin-tónic o tres cervezas?

Y no vale responder el sabor... esto no es un anuncio.

Si según los estudios hechos no se puede diferenciar fácilmente a quien está bajo mis efectos que los que no, es que buscáis el efecto Zen, ese:

«El arquero deja de ser consciente de sí mismo como alguien que debe dar en el blanco que lo desafía».

En MI y en otras sustancias busca el humano esa disolución esa pérdida del yo, la capacidad intrínseca de olvidarse de uno mismo, la parte final de toda creencia, la paz, la revelación, ¿o intentáis escapar de vosotros mismos?

YO aparecí en medio de una batalla generacional, y si como la Organización Mundial de la Salud que quitó de un informe que se iba a hacer público en que se me comparaba a MI con el alcohol.

Vuestra actitud hacia las drogas ilegales se ha modificado y es más elaborada y exigente. Después de 30 años investigando los efectos dañinos MIOS, no quedan demasiados peligros por descubrir. Sabemos que es un error considerar que el cannabis es una droga que mejora el rendimiento. También es un mito creer que esta sustancia ataca al cerebro y conduce inexorablemente a las drogas duras.

Y a pesar de la ingente propaganda antidopaje que circula por EEUU, la mayoría de la gente sabe que Holanda, donde el cannabis se vende desde hace años en los cafés, no se ha visto sumida en un caos social por culpa de esta medida. Sería propio de una mente perversa manipular los datos de Amsterdam y convertirlos en argumento a favor de la prohibición.

Y si es la Seguridad Social la que va a recetar cigarrillos de marihuana, ¿qué tipo de información va a llevar el paquete?

¿Sería mejor esperar a que los investigadores se las ingenien para suministrar la marihuana en aerosoles?

Sin embargo, la necesidad perentoria de un debate abierto sobre el cannabis es lo que hace que la presión política a la que se somete la OMS sea aun más perjudicial al prohibir la publicación de un informe en el que se comparan los efectos de la marihuana y de otras sustancias legales, incluido el alcohol.

Los funcionarios de la Organización Mundial de la Salud, con sede en Ginebra, han prohibido la publicación de un informe que confirma lo que los hippies de los 60 saben desde siempre: el cannabis es más inofensivo que el alcohol o que el tabaco.

Basándose en un documento filtrado a New Scientist, el análisis afirma que no sólo la cantidad de marihuana que se fuma en todo el mundo es menos perjudicial para la salud que el alcohol o el tabaco, sino que esto puede aplicarse en el caso de que se consumiera esta droga en las mismas cantidades que las sustancias autorizadas.

Se esperaba que este estudio se incluyese en un informe sobre los efectos nocivos del cannabis que publicó la OMS el pasado mes de diciembre. Pero fue retirado en el último momento después de una acalorada discusión entre los funcionarios de la OMS, los expertos en esta droga que redactaron el informe, y un grupo de asesores independientes. Al igual que ocurrió con un informe publicado hace 15 años por la OMS, los médicos y los especialistas esperaban con

gran expectación que este documento viera la luz. La explicación oficial para excluir la comparación entre la marihuana y las sustancias legales es que «la fiabilidad y la influencia en la salud pública de estas comparaciones no están probadas».

Sin embargo, los que han visto el informe afirman que la comparación estaba bien sustentada a nivel científico y que la OMS tuvo que ceder a las presiones políticas.

Se supone que los asesores del Instituto Nacional Norteamericano sobre el Abuso de Drogas y el Programa Internacional para el Control de las Drogas de las Naciones Unidas advirtieron a la OMS que publicar este estudio daría alas a los grupos que defienden la legalización de la marihuana.

Un miembro del panel de expertos que redactó el informe afirma: «A los ojos de algunos, cualquier comparación de este tipo equivale a dar argumentos a la legalización de la marihuana».

Billy Martin, otro de sus miembros y perteneciente al Medical College de Virginia, en Richmond, reconoce que algunos funcionarios de la OMS «se volvieron locos» cuando leyeron el informe.

La versión filtrada del apartado que ha sido excluido del informe establece que la comparación no tenía como fin «favorecer el uso de una droga en detrimento de otras, sino poner en evidencia la doble vara de medir que se aplica al valorar los efectos del cannabis sobre la salud».

En fin dicho está por David Concar.

Humánico y de locura... ¿o de diferente percepción de conciencia?

Veinte

Volando vamos,
a la carrera andamos,
sin parar actuamos.
Locura desenfrenada,
frenos tan solo usados cuando ya no hace falta.
¿Cuándo nos instalaron en la cabeza el modo no pensar? El
tiempo no es oro, es desenfreno.
Quizás no es bueno que nos tomemos las cosas con calma,
que demos unos minutos a reflexionar sobre... ¿la próxima
compra?, ¿el voto?,
¿la ayuda?
¿quién es el malo?
¿dividir y catalogar a la gente que nos rodea?
No hay nada más valioso que la suma de nuestros sumandos,
cabeza, alma, corazón y cuerpo,
el resultado es un individuo,
pero gregario no indiferente e isla en medio de multitud,
es cierto que morimos solos,
la muerte esa vieja desconocida,
esa que también nos ocultan.
Yo me quito los zapatos y voy a andar descalzo,
si no freno de golpe,
reduzco marchas,
para pensar,
para sentir que lo que hago es mío,
que soy yo...
UBUNTU.

«Creo que la única obligación que tiene el hombre en la tierra es realizar sus sueños».

JAVIER REVERTE, *El Sueño de Africa*

—Y ahora os leeré el último escrito que tengo, es de Waldo Cebrero —dijo la ardilla frotándose los ojos ya que estaba anocheciendo y la luz se filtraba caprichosa por entre las ramas.

En una medida que se puede considerar histórica, el Juez Federal N°2 de Córdoba Alejandro Sanchez Freytes acaba

de hacer lugar al pedido de una usuaria de cannabis terapéutico, y en consecuencia la justicia le entregará «un frasco con gotero» que fue incautado en un operativo policial en Villa Esquiú a la mamá de Magalí.

El aceite había sido solicitado por la Defensora Oficial Mercedes Crespi, en representación de Magalí, una niña catamarqueña que padece síndrome de West. Otros pedidos similares de usuarios terapéuticos de cannabis llegaron al juzgado en los últimos días, luego de que la Policía de Córdoba incautara, sin orden de allanamiento, plantas, aceites y extractos de la casa de la activista y dosificadora Brenda Chignoli.

Magalí contaba con aceites de fabricación cacera para controlar sus convulsiones. El juez resolvió entregar la medicina aclarando que «se trata de una respuesta excepcional para este caso concreto, e cual se manifiesta en una especial situación y gravedad del cuadro clínico».

La medida del juez se produce en un momento de transición, ya que aún no fue reglamentada la ley nacional que autoriza el uso medicinal de cannabis. «El periodo de transición no lo puede pagar Magalí con su salud» había dicho a la defensora Mercedes Crespi.

La medicina será entregada a Nancy Ávila, madre de Magalí, mediante el ministerio de Salud de Catamarca.

Citando otras jurisprudencias, Sánchez Freytes argumenta que «se presenta el caso de una situación en la que ciertas normas penales conspiran contra la posibilidad de un adecuado ejercicio y goce de derechos individuales» y se funda en la premisa de que «el derecho no puede resultar insensible al dolor y el sufrimiento humano».

Desde Catamarca, Nancy Ávila dijo a ENREDACCIÓN: «Estoy llorando de alegría. estoy buscando plata porque tengo que volar a buscar los aceites. Esto es importante para todos los que cultivan, queremos defender la planta, queremos luchar por ellos, que ponen el cuerpo para que nuestros hijos tengan salud».

Brenda, la mamá de Magalí

Cuando Nancy Ávila vio en los diarios de Catamarca que la Policía de Córdoba había secuestrado plantas de cannabis y aceites de la propiedad de la cultivadora Brenda Chignoli, en Villa Esquiú, a las afueras de Córdoba, supo que se venían días difíciles para su familia. Su hija Magalí, de 14 años, usa el aceite de cannabis elaborado por Brenda desde hace 10 meses para controlar las convulsiones que le provoca el síndrome de West, diagnosticado cuando era una beba. E su mesa de luz, ese 29 de marzo, a Nancy le quedaban pocas gotas. Así que agarró sus cosas, preparó a su hija, pidió plata prestada y viajó a Córdoba.

«Vengo a entregarme a la justicia. Soy una narcotraficante», dijo en la puerta del Juzgado Federal N°2 de Córdoba.

Pedía algo que parecía imposible: que el Poder Judicial le entregue el aceite, que formaba parte de la prueba de una causa por infringir la ley nacional de estupefacientes. Uno de los frascos incautados llevaba un rótulo con el nombre de su hija.

«No me importan que me tilde de narcotraficante, voy a revisar a cada policía hasta que me den el aceite», decía furiosa.

El lunes Magalí pasó una mañana entera con su familia en la Torre de Tribunales Federales. Ese día, la Justicia miró a la cara a las personas que buscan un paliativo para sus dolencias, cuando la medicina tradicional fracasa, y sin embargo quedan en la ilegalidad, pagando su salud con causas o cárcel. En el piso 12 de Tribunales, Magalí pidió dos tazas de leche, las tomó con voracidad y no hizo caso a ninguna de las liturgias judiciales de ese edificio. Hasta quiso entrar a la oficina de Sánchez Freytes.

La Defensora Oficial Ante la Cámara Federal de Córdoba, Mercedes Crespi, tomó el caso invocando el derecho a la salud de la niña, y pidió que el juzgado restituya los aceites. Algo que la Justicia nunca había hecho. Este viernes, el Juez Federal Sánchez Freytes decidió entregar el frasco con aceite rotulado a la familia. Se trata de una medida inédita, ya que la Ley nacional de Cannabis, que habilita el uso medicinal de sus derivados, aún no fue reglamentada. Y significa un avance cultural importante en la Justicia que pone, por fin, el derecho a la salud de un niño por encima de los intereses punitivos de la ley de drogas, declarada inconstitucional en 2009 mediante el fallo Arriola.

El juez hizo lugar al pedido de la madre, «atendiendo al interés superior del niño», aunque aclaró que «no se puede soslayar que el autocultivo de cannabis con cualquier fin ha quedado excluido de la Ley N° 27.350 (cannabis medicinal)». Por eso, trata el caso como excepcional. Mientras, siguen a la espera el pedido de otros 100 pacientes de Chignoli, que también hicieron presentaciones similares.

Aceite para Magalí

Magalí es alta, robusta y fuerte. Cada vez que sufre convulsiones, Nancy necesita de otra persona para sostenerla. Según su historia clínica, el síndrome de West (un tipo de epilepsia refractaria) le fue diagnosticado cuando era una beba de tres meses.

«Nuestra vida cambió para siempre, imagínese», cuenta Nancy. Desde entonces, su hija fue conejillo de indias en diferentes hospitales, no sólo de Catamarca. «Probó tantos remedios que un día dejó de tolerarlos».

En mayo del año pasado la niña tomaba 16 pastillas diarias y un jarabe, a pesar de lo cual, vivía en un estado de convulsiones casi permanente: sufría más de 1.400 por día.

«Era un animalito, no lo podíamos controlar», recuerda su madre. Fue entonces que decidió acudir al aceite de cannabis y se acercó a Brenda Chignoli. «Yo tenía prejuicios. Pensaba que con la marihuana iba a ver pajaritos de colores y esas cosas. Pero a mi hija le devolvió la conexión con la vida y a mí la posibilidad de disfrutar de ella», dice ahora. Desde entonces, las convulsiones bajaron a la mitad.

Según la resolución del juez, basado en la evolución clínica de la niña, el aceite tuvo «beneficios» en la vida de la niña, ya que «le permitió mejorar la calidad de vida al disminuir el consumo de fármacos, con todas sus contraindicaciones, y a disminuir las convulsiones».

Magali es una de las 100 personas que Brenda Chignoli atiende en Catamarca. Además tiene pacientes en otras provincias. Como Nancy, el resto de los pacientes hizo un pedido que aún sigue en análisis.

«Acá en Catamarca no sabemos cultivar, hay que tener conocimientos para hacer una medicina de calidad. Brenda puso el cuerpo por nosotros, ella es nuestro ángel guardián. Ni si quiera nos cobra la medicina, la ayudamos como podemos», resalta Nancy. Pide que de alguna manera se avance sobre la posibilidad de reglamentar el autocultivo o el cultivo solidario.

El 29 de marzo, mientras en el Senado de la Nación se aprobaba por unanimidad la Ley de cannabis, la Policía de Córdoba ingresó a la casa de Brenda y se llevó 215 plantas, flores ya cosechadas, aceites y extractos. Según Chignoli, también «arruinaron el trabajo de siete años, porque mezclaron las semillas de diferentes cepas».

—Y bueno eso es lo que yo se sobre eso, que hay gente que necesita esa planta, como nosotros necesitamos otros alimentos o piedras de sal para los ciervos que las lamen, o diente de león para cuando tienes malestar en el vientre... hay humanos que luchan por sus hermanos...

—¿Conocéis a Brenda Chignoli? —dijo una profunda voz.

—No, yo no —respondió el venerable roble ante la inesperada vibración de múltiples voces que empezaron a surgir por las raíces de la red del Bosque Conmovido.

En unos segundos decenas, centenares de árboles y plantas hablaron al mismo tiempo, y los humanos volvieron a escuchar un descomunal Hummmmmmmm que recorrieron los cielos.

—Silencio arbóreo, una rama detrás de otra —gritaba el roble.

Pero nadie hacía caso hasta que un caracol que estaba allí escuchando desde un principio dijo en voz baja en el interior de un tejo hueco.

—!Fuego¡, !fuego¡.

Y mano de santo, las voces cesaron.

—Me gustaría escuchar la historia de esa mujer si puede ser —dijo moviendo sus ojos anténicos.

Veintiuno

Mirada al frente,
saber que haces lo correcto se sabe, aunque no duermas,
es el apego que nos hemos creado.
Hay que vivir siguiendo tu brújula interior, aunque se equivoque,
aunque te digan que está estropeada.
Recuerda que la magia sucede fuera de la zona de confort,
pero has de avivarla como se hace con un ascua.
Sopla y échale materia para arder,
que se coja a tu alma y el fuego interno para el resto.
No tengas miedo,
el miedo es el apaga fuegos más insensible,
junto con los sueños arrastra otros que pueden
convertirse en pesadillas,
ecos de remordimientos,
de ese,
y si yo hubiera...
lo que tengas que hacer HAZLO UBUNTU.

«Aquello que viene en el camino para hacerlo... hazlo».

ZENON EL ESTOICO

La OMS define la adicción como, la compulsión a continuar consumiendo la sustancia por cualquier medio, aumentando la dosis una vez el cuerpo va en aumento.

Se crea una dependencia psíquica y degenera el estado físico, por consecuencia la persona adicta es nociva para si misma y para la sociedad que les rodea.

No hubo más consumo de americanos sobre MI que en la Guerra de Vietnam en la que ME usaban como fuente lúdica, hubieron muchos que llevaron ese hábito a su país de origen, y los adictos fueron cero, los adictos à la heroína, todos los que la consumieron.

El señor Richard Nixon creó la DEA y la guerra contra MI fue el inicio de un gasto de unos 600.000 millones de dólares en treinta años.

Todo un entramado creado con mentiras, negando los datos de los millares de accidentes de circulación por medicaciones, dejando de lado la cafeína el azúcar, los barbitúricos y anfetaminas, tabaco... YO SOY otra sustancia contra la que se ha generado una maquinaria de generar dinero y gasto internacional de estados policiales.

No hay marcha atrás, es lo malo de las mentiras que llega un momento en que es tan gorda que no se puede tapar, y eso es lo que sucede conmigo.

Ya no es que se niegue MI uso medicinal, es que hay también hay negocios que desean salir a flote y obtener la primicia, el monopolio de MIS componentes, para los usos paliativos de la quimioterapia y el VIH, es triste pero el cáncer es el negocio médico más rentable a escala global y si no miren datos y cifras.

Y seguís sin saber científicamente como os gusta a vosotros si YO SOY perjudicial a largo plazo... lo mismo que cualquier medicamento de cualquier farmacéutica que prueba rápido sus productos para que suban sus acciones y si hay algún fallo, tan solo se pone en la larga lista de «efectos secundarios» del prospecto, que es un paracaídas legal, y si trasciende a la opinión pública re retira discretamente del mercado y se abona dinero a los afectados.

Y la maquinaria contra ciertas sustancias promociona de rebote otras como el alcohol, sigue siendo el 53 % del consumo mundial de sustancias modificadoras (otra vez) de la conciencia YO estoy en el 16%.

Si es la intoxicación lo que preocupa, es MI THC lo que es pernicioso, y poseo según los laboratorios europeos entre un 3 y un 12% dependiendo de la cepa.

Lo que supera ese 12% es solo el 2% de lo consumido en Europa en donde se consume el 60% de la producción ilegal. Según los baremos de la OMS YO ESTOY fuera del peligro de que sea perjudicial para la salud global, pese a eso sigue la lucha.

ME fuman y me mezclan con tabaco y eso perjudica y llama al cáncer por la combustión del alquitrán, de los hidrocarburos policíclicos... pero y si se me ingiere en aceite, según estudios de neurofarmacología, activo los receptores de vuestros centros de control vegetativos, un lugar a los que no pueden entrar los tóxicos y tengo la llave de la actividad endogénica.

Allí está el control emocional, y la positividad, las modificaciones de las emociones, según el estudio del Organismo Francés Médico de un estudio de varios consumidores habituales tan solo notan efectos adversos al consumirME en exceso.

Cuestión de dosis.

!Ejem¡, YO SOY neutra, ya lo sabéis a estas alturas.

Veintidós

Si es necesario dar mi nombre decid que soy hijo del viento,
si queréis poner palabras a mi persona poned,
nació,experimento, y soñando intentó enlazarlos con la realidad.
Si preguntan qué realidad, decid que la que uno mismo se crea,
pensando si uno hace las cosas por iniciativa o si por el con-
trario es títere de manos ajenas.
No hay que dejar que todo nuestro ser sea movido con hilos,
el alma necesita movimiento y cambio,
para eso está la mente para adaptarse no para pasar la vida como
un objeto de plástico. Si buscan saber como cortar los hilos,
lo siento no soy maestro de nada tan solo aprendiz de todo,
si se que las tijeras son aquellas que dan miedo al asirlas
para cortar,
que los sueños son muchas veces aniquilados por voces
ajenas que nos advierten de que no hagamos lo que muchas
veces ellos no se atreven a hacer,
además equivocarse no existe en la naturaleza,
tu no te equivocas si erras en intentar algo,
tan solo evolucionas.
Si quieren saber cómo se evoluciona que miren el libro de la
naturaleza,
sentarse a la sombra de un árbol,
acariciar una flor,
ver volar un gorrión,
pasar las nubes,
respirar el aire marino, tumbarse en la hierba, cabalgar a
lomos de la lluvia, mimar a un perro,

gruñir de satisfacción a un gato,
mirar alrededor con la mirada de un niño, esos que se sor-
prenden con todo.
Y no dan nada por sentado.
Si quieren palabras mágicas les doy una, UBUNTU,
y si desean un gesto de poder,
ARRIBA LAS RAMAS.
y una forma de vida,
DESPERTAR Y SER TU.

«El suceso no es lo importante sino la respuesta que damos en cada caso».

I Ching

—Está bien, que hable quien conoce a Brenda Chignoli —dijo alborozado el roble, hacía siglos que el Pueblo Verde no se Conmovía tan hondo.

—Vale, leo desde la ventana de la calle en el paseo que vivo —dijo la voz—, soy una morera y desde aquí veo una pared donde hay una hoja impresa de la Voz.com, y un artículo de Sergio Carreras colgado de unas chinchetas. Os leo.

La Justicia federal resolvió devolverle a la cultivadora y militante cannábica Brenda Chignoli los aceites de marihuana que le fueron secuestrados durante un allanamiento policial a la plantación de su propiedad en las afueras de la ciudad de Córdoba.

Se trataría de la primera resolución judicial de su tipo en Argentina, y se produce solamente dos días después de que el gobierno nacional promulgara la ley 27.350 que legaliza el uso terapéutico de la marihuana.

El campo donde Chignoli produce marihuana para elaborar aceites y otros compuestos destinados a pacientes de varias provincias, fue allanado por la Policía de Córdoba el 30 de marzo, al mismo tiempo que en el Senado de la Nación se desarrollaba el debate que culminó con la aprobación unánime de la nueva ley.

«Estoy muy feliz de que sea en Córdoba donde se sigan dando estos primeros pasos a favor de la libertad y del uso responsable del cannabis medicinal», dijo Brenda a este diario.

Esta resolución le permitió a Chignoli recuperar dos frascos con medio litro de aceite de marihuana cada uno, que aplicará para su propio tratamiento y para el de numerosos pacientes de las provincias de Córdoba, Catamarca y Tucumán.

Ya la semana pasada el mismo juez Alejandro Sánchez Freytes había decidido devolver una dosis de este aceite de marihuana a una de las pacientes que usa el aceite de Chignoli: una niña catamarqueña que sufre un tipo de epilepsia.

Estos fallos judiciales y la nueva ley nacional, que todavía no ha sido reglamentada, implicarán un replanteo de las políticas represivas que actualmente llevan adelante las policías de todo el país. La nueva ley implica un cambio de paradigma y hace descansar la autoridad sobre este tema en los ministerios de Salud de cada jurisdicción, quitando el problema de la marihuana medicinal del ámbito represivo.

Esta semana la provincia de Córdoba, luego de algunos intentos por demorar la aplicación de la ley, finalmente decidió adherir a la ley nacional.

—Luego hay más hojas, sigo...

HISTÓRICO: LA JUSTICIA LE DEVUELVE A UNA FAMILIA EL ACEITE MEDICINAL DE CANNABIS INCAUTADO EN UN ALLANAMIENTO

Hace instantes, según confirmaron a THC fuentes directas, el Juzgado Federal Número 2 de Córdoba, a cargo del juez Alejandro Sánchez Freytes, acaba de resolver en un fallo sin precedentes que se restituya el aceite de cannabis incautado en un allanamiento a una madre de Catamarca para que pueda seguir tratando a su hija que padece epilepsia refractaria.

Se trata de Nancy Ávila cuya hija Magalí, de 14 años, padece de Síndrome de West y, gracias al aceite de

cannabis, logró disminuir sus convulsiones diarias de un centenar a una por día, además de poder reducir la toma de 14 pastillas a 2.

La restitución no podía esperar.

«Nos estábamos quedando sin aceite, tuvimos que bajar la dosis y Magalí había vuelto a convulsionar muchas veces, íbamos a tener que volver al cóctel de pastillas», contó Nancy a THC. «Si la respuesta era negativa iba a viajar a Córdoba a conseguirlo como sea», aseguró. «Si tenía que pedírselo al mismo diablo lo hacía: es lo único que le ha hecho bien a mi hija».

La medida sienta un importante precedente ya que, según fuentes judiciales de Córdoba, el lunes la justicia podría resolver restituir el aceite de cannabis a otras madres de Tucumán, Catamarca, Santiago del Estero y otras provincias, que suministraban a sus hijos la medicina incautada, luego de que hayan presentado una serie de documentos que ha exigido el magistrado.

Luego del pedido de las madres, la Fiscalía Federal de Córdoba y la Defensoría Pública Oficial solicitaron al Juzgado Federal N°2 de esa provincia la restitución del aceite de cannabis secuestrado durante el operativo policial.

El extracto fue incautado durante un allanamiento en Villa Esquiú a la cultivadora Brenda Chignoli, realizado el mismo día en que el Senado de la Nación aprobaba la ley que regula el uso del cannabis con fines terapéuticos. Durante el operativo fueron decomisadas plantas de marihuana, flores y frascos con aceites, etiquetados con los nombres de sus destinatarios.

Nancy viajó desde Catamarca a Córdoba, con el apoyo del ministro de Salud de su provincia, Ramón Figueroa Castellanos, para solicitar la devolución del aceite y su caso fue tomado por la defensora oficial Mercedes Crespi, quien formalizó el pedido ante la justicia. Tras la presentación de la historia clínica, estudios médicos que demuestran la mejora de salud de Magalí y otros documentos, el juez Sánchez Freytes falló a favor de Nancy.

«Hace 10 meses que Magalí empezó a usar este aceite, un solo médico se atrevió a ayudarnos, con el riesgo de perder su matrícula», explicó Nancy respecto al proceso terapéutico de su hija que se desarrolló hasta aquí por fuera de todo reconocimiento y apoyo estatal, algo que con la nueva legislación en torno al cannabis medicinal en funcionamiento podría modificarse sustancialmente. «Necesitamos médicos más
comprometidos que entiendan que tenemos mucho dolor», demandó Nancy, «somos mamás solas con problemas gravísimos, me han llegado a decir: lo mejor que podéis hacer es dejarla que se muera, porque va a ser un vegetal».

La resolución judicial, inédita, dictamina que será entregado a Magalí un frasco de aceite de cannabis medicinal de manos de la mismísima policía federal argentina.

—Y una última:

THC 93- Adelanto: Entrevista Dr. Carlos Magdalena, neurólogo

«LOS ACEITES CASEROS DE CANNABIS SON UN PRODUCTO GRATIS Y DE CALIDAD»

En los últimos meses el Dr. Carlos Magdalena tomó contacto con familias que tratan a sus hijas e hijos con aceite de cannabis. El resultado de la experiencia tanto clínica como humana lo puso del lado de las madres y padres que piden una urgente regulación medicinal

Por Martín Armada

>>¿Notó en los últimos tiempos un aumento en el uso de aceite de cannabis en casos de niños con

epilepsia refractaria?

Hace aproximadamente un año y medio fui enfrentando este tipo de situaciones y es una realidad ya obvia. El aceite de cannabis está demostrando beneficios para un importante segmento de pacientes con encefalopatías severas. Estos beneficios suelen ser realmente significativos, especialmente si tenemos en cuenta que estos niños no encontraron alternativas con los protocolos convencionales. Es una fitoterapia natural que ha demostrado beneficios muy alentadores. Por eso mismo, es una realidad que no deberíamos eludir. No enfrentarlo y dar respuestas tiene un costo muy alto: los chicos lo pagan con incapacidad.

Cuando habla de beneficios, ¿a qué se refiere en concreto?

Ante todo hablo de una sustancial disminución de la frecuencia de crisis, puede llegar a ser hasta de un 85% en algunos casos. Incluso hablamos de bajas en la intensidad y la duración del fenómeno epiléptico. Además hay otros aspectos no poco importantes: la conexión con el entorno, la socialización. Advertimos una mejora en la mirada del niño, recupera el contacto con la familia, con la madre. En muchos casos las madres redescubren a sus hijos, es casi lo primero que comentan las familias. También hablamos de mejoras en el sueño, algo que es muy importante. También hay cambios favorables en lo conductual, en el comportamiento que se normaliza. Por ejemplo, pueden empezar a compartir momentos con la familia en la mesa. Muchas familias vuelven así a tener momentos de esparcimiento que prácticamente estaban imposibilitados. En concreto hablamos de la mejora en la calidad de vida, muy notoria.

¿Cree que el aceite de cannabis producido de forma casera es una medicina efectiva?

Creo que el mejor escenario es el autocultivo, sea de forma personal, solidaria o comunitaria. Naturalmente, es importante que haya controles médicos y del Estado a partir de una regulación que permita realizar los exámenes de calidad necesarios para que los aceites respondan a normas adecuadas, para buscar los niveles apropiados de cannabinoides. Es necesario empezar a saber qué tipo de cepas necesitamos y facilitar el acceso a las semillas. Necesitamos una regulación que no sólo contemple la importación de aceites; como profesional esto me preocupa. Queremos que los aceites se puedan hacer acá, que los cannabicultores puedan cultivar tranquilos y las madres también. Las familias deberían poder producir su propio cannabis y compartirlo, porque cuando las familias hacen aceites hacen muy buenos aceites, básicamente porque se los dan a sus hijos. Y si ese aceite no es el indicado, lo pueden compartir con otra familia a quien le sirva y esa familia, a su vez, comparte su aceite construyendo una especie de red solidaria. Además es un producto gratis y de calidad. Por supuesto que tiene que haber controles de parte de las universidades y del Conicet, pero tendría que ser legal y accesible. Lamentablemente hay una idea de que el autocultivo viene de la mano de lo trucho y no es así. Esto era algo ajeno para mí, lo aprendí en estos meses gracias a los pacientes y me dejó frente a dos opciones: huir o meterme de lleno.

—Entonces todo es bueno en ella —dijo un sauce llorón del lado sur del valle.

—Se ha estudiado lo que más se dice que es perjudicial y es la psicosis que produce su consumo... !Uy¡, perdón por entrometerme...

—Adelante ¿quién eres? —preguntó el venerable roble.

—Soy un álamo blanco y estoy en un jardín de la Universidad de Maastricht, aquí tengo a muchas amigas cannabicas a mis pies, de hecho aquí se realizan estudios para estudiar la psicosis y el consumo de cannabis. Según he oído decir y hablar si así fuera en estos treinta años habría subido la cifra de esquizofrénicos en Holanda por el consumo legal de ellas, y tal cosa no ha sucedido. Solo acontece en una baja proporción, un grupo pequeño que hace que las complejas moléculas que poseen acoplen en su sistema endocannabico y haga aumentar la dopamina…

—Por eso se decía que el autocultivo es lo mejor, se lleva diciendo toda la tarde —cortó el impetuoso algarrobo—, además si se utiliza un humus que no sabes de donde viene...

—Ahí el peligro del narcotráfico... no se sabe la tasa de THC de lo que se consume y ni si han sido rociados con pesticidas —acabó el álamo.

—!Ajá¡ —Braceó sus hojas el roble—. !Ajá¡.

Veintitrés

La madrugada serena,
elabora investigaciones del alma,
bajo la lluvia del silencio en aguas de caza de palabras.
Tres colmillos para poder morder a los enemigos de uno
mism@, las tumbas de lo incomprensible,
en la naturalidad de la magia argente.
Plata en voz suave,
leyenda de la Córdoba que también lo es ciudad del río Oba,
el río íbero...
que como todo asentamiento humano no comprende de seres,
ni lugares.
Las horas abrazan,
ululan los búhos,
mensajes para vagar por mares,
flechas de ideas surcando espuma de olas esquivas.
Mi maga descansa,
adorada por las aguas,
susurrando y rasgando la guitarra del tiempo,
con un mate calentado con el viento,
ese íbero que se acerca,
por las aguas que separan,
para vestir los trajes de los Guerreros del Arcoiris.
Mi maga se duerme y sueña que oye música sin escuchar, el
oído está en el corazón,
y las palabras en las yemas de los dedos,
esos que acaban en brazos para abrazarla.
Buenas noches, maga,

descansa que yo vigilo con lanza ubuntiana, bajo la luz de un amanecer cercano,
en la linde del anochecer pasado. MUACCCCC.

«Aquello que llamamos progreso científico no es otra cosa que la proliferación de disciplinas especializadas, que se escinden cada vez más para iluminarnos cada vez menos».

RAIMON PANIKKAR, *Invitación a la Sabiduría*

Cuando se les vio el plumero, no tuvieron otra que rizar el rizo y generar psicosis, y esta vez sin THC de por medio, se publicaron hasta en los boletines de la ONU que MI consumo estaba ligado a matanzas, violaciones, actos vandálicos aunque las instituciones médicas más serias les diera la risa floja.

De 48 millones que ME usaban como lúdico o medicina no habían indicios de delitos ligados a MI consumo, y las intoxicaciones eran cero.

11 personas muertas por mi causa, por sobredosis de aceite, 300 por metadona, 420 por codeína, 2500 por alcohol, 2877 por barbitúricos, 400 por aspirinas y 1000 por Valium junto con casi 55000 ingresos por abuso de narcóticos para dormir.

Con tales cifras la maquinaria del Estado que controla se puso en marcha y desde Nixon (no recordaré que tuvo que dimitir por mentir) hasta Reagan que se fiaba más de sus astrólogos que de sus asesores, todo fue el engrasar la maquinaria del prohibicionismo y del quiero y no puedo.

Financiando hasta la saciedad peligrosos estudios para demostrar lo indemostrable, si surgía algo positivo, desaparecía del estudio, tan solo interesa lo negativo aunque se inoculara a pacientes y cobayas dosis trescientas veces superiores a las ingeridas con normalidad.

Los usos en contra de MI ser fue machacónamente constante, y dándole al tambor mientras los científicos con más luces repetían como mantra de que cada persona reacciona a MI según su aparato endocannabico, y según el THC que posea,

y que al igual que el hachish, que para realizar la mezcla se adultera con estiércol, hierba seca, cera industrial, petróleo, que estamos en las mismas aunque haya parte de MI, (el THC nunca pasa del 15%), la reacción no es saludable, ni repetible experimentalmente por su variación de mezclas.

YO SOY causante y puedo tener hilos de adicción... en ratones de laboratorio que hayan placer al autoadministrarse THC, pero según los neurobiólogos eso tan solo significa que los ratones sienten placer al tomar esa sustancia, no que sea adictiva... ¿también lo es quien se toma un par de cervezas frías cada vez que suda en verano en vez de un zumo?

Nadie dijo que comprender esto fuera fácil, pero el placer está controlado por la generación química de dopamina y por otras sustancias cerebrales, con el cannabis estos componentes no desajustan esa mezcla química, como así sucede con el alcohol , la heroína y otras sustancias adictivas... y para hacerlo más complicado si cabe, la mal llamada nicotina adictiva no lo es tal desde el punto de vista neurológico, es la mezcla de esta con varios de los casi 4000 componentes químicos del tabaco al quemarse lo que crea el desajuste, luego tal y como ya sabían MIS hippies de los 60, YO he de ser consumida sola y sin tabaco, pues de esa misma forma y por el mismo proceso de cadena racional el desajuste en el sistema endocannbinico humano puede generar dependencia al mezclarse tabaco conMIgo.

No lo digo YO lo dicen los científicos.

Y otra pregunta... ¿dónde se lavan los millones de dólares que genera MI narcotráfico?... porque no se evapora como el humo adictivo de un cigarrillo de tabaco...

Las personas que tengan algún tipo de trastorno psicológico como la depresión o la ansiedad saben que el método tradicional de tratamiento pasa por las benzodiazepinas como el famoso Xanax o el diazepam: sedantes, hipnóticos, antidepresivos, anticonvulsivos, etc. se basan en la misma composición química que se encuadra en la familia de las benzodiacepinas.

Uno de los problemas con estos medicamentos (que por lo general son bastante efectivos en tanto que ayudan a la letargia) es que pueden generar un abuso considerable si no son adecuadamente administrados. Un tratamiento fuerte con diazepam durante años generará, probablemente, un síndrome de abstinencia considerable. Otro problema derivado es que el paciente que usa benzodiacepinas tiende a sobreutilizarlas porque, como decimos, suelen ser efectivas para calmar los nervios.

Un estudio reciente patrocinado por Canabo Medical Inc. una empresa canadiense que se dedica al cannabis medicinal (y por tanto, lector, debería poner en cuestión el estudio debido al claro sesgo del que lo ha pagado) la marihuana es un producto válido para evitar las prescripciones adictivas de las benzodiacepinas.

El estudio dice que tras 90 días de uso con tratamiento cannabico el 40% de la gente abandona las benzodiacepinas.

Aumenta hasta el 45% si el tratamiento dura un año. Los resultados son «muy prometedores» según el Doctor Neil Smith investigador principal en Canabo.

El tiempo dirá si en el futuro sustituiremos todas las benzodiacepinas por MI.

Veinticuatro

Te buscaré,
con lógica ilógica,
en los lomos de leones llenos de mimos muertos,
en las risas de las muchachas de cabellos suaves,
en los íntimos albores de suficientes colores,
tras los embrollados discursos del mirlo bajo el naranjo,
te buscaré.
Indagaré,
en el centro de las cosas,
en sus bordes ruidosos,
en sus planos colocados para meterse a ciegas en las sensa-
ciones irónicas,
indagaré.
Abriré caminos,
en infiernos ensimismados y silenciosos de candentes llamas
abrasadoras que huelen a humo de mirto y romero,
en paraísos perdidos porque no estás en ellos,
en selvas cacofónicas plagadas de vida superlativa
donde la vida es un ente oloroso y palpable.
en los hielos de navajas afiladas que acicatean la piel.
abriré caminos.
Y si no te hallo en este mundo volaré al resto,
porque si tu no estás no soy,
ser siendo sintiendo sentido sentimentalmente sido.
Porque si no me invades estoy vacío vacilantemente vacuo
vanálico y vándalo de la vida.
Acerca tus ramas y juntemos las hojas,

roza mis yemas con tus flores y susurremos pétalos al cauce del río del viento...

«El secreto de la felicidad no está en hacer siempre lo que se quierre, sino en querer siempre lo que se hace».

LEON TOLSTOI

Y la carrasca citó un caso escuchado en la radio en un parque de Lerma:

Desde hace mucho tiempo Larry Smith esta cansado de alternar y probar todo tipo de fármacos para combatir su enfermedad. Un día descubrió que tomando unas pocas gotas de aceite de cannabis bajo su lengua, los efectos que le produce la enfermedad se reducen sensiblemente. Larry Smith es un ex- policía. Es por eso que le gustaría que todos aquellos que están sufriendo su misma enfermedad sepan y puedan probar esta fantástica terapia con aceite de marihuana.

Los resultados en Larry se pueden ver inmediatamente en el vídeo. Con unas simples gotas consigue que su disquinesia prácticamente desaparezca. Sus temblores y su voz simplemente vuelven a la normalidad. Larry Smith grabó su propio reportaje en el que se puede ver la increíble transformación que experimenta la primera vez que consume cannabis.

El Sr. Smith no quiere ser un defensor a ultranza de la marihuana. El piensa que tiene que aceptarse su consumo medicinal para que cuando alguien lo necesite o algún profesional lo recomiende este disponible.

«Esto no se trata de política, la gente necesita ver cómo funciona la marihuana medicinal en pacientes reales con problemas muy reales», dice Larry Smith.

«Hola a todos.Intentamos crear un aviso promocionado en Facebook de nuestro DVD para conseguir fondos para la investigación del Parkinson. Pero Facebook, sin embargo, lo ha rechazado porque publicamos el vídeo mostrando a Larry probando el cannabis medicinal para su Parkinson», decía la advertencia en el perfil oficial de Facebook de Smith.

El argumento de Facebook a Larry Smith fue el de siempre:

«Su aviso no fue aprobado porque no sigue nuestras políticas de publicación. No permitimos que se promocionen drogas ilegales. Publicidades como esta son sensibles y usualmente son contrarias a las leyes locales».

El vídeo que Facebook censuró se hizo en California, allí es legal el cannabis medicinal. El grupo que rodea y apoya a Smith prefirió seguir adelante:

«Por favor, compartan y ayúdennos a lanzar esta campaña con o sin la ayuda de Facebook para vender el DVD en Amazon».

Y un pequeño brote de encina dentro de una botella de plástico contó lo visto en la pantalla de un Mac frente a ella:

'NINGUNA PLANTA ES ILEGAL' es una campaña de desobediencia para conseguir la despenalización del cultivo de marihuana, una planta de uso ancestral, con numerosas propiedades y que el Estado impide plantar con normalidad. Nace a partir de la imputación del agricultor Josep Pàmies al cultivarla para usos medicinales para los socios de la Asociación Dolça Revolució.

Ya son demasiadas las plantas prohibidas, ya son demasiadas las personas acusadas de cultivarlas y ya son demasiados los conocimientos populares que nos impiden compartir. Las culturas campesinas son una relación milenaria con el medio y el resto de especies. Ningún estado, ninguna universidad, ningún lobby empresarial, ningún hospital las debe poder impugnar, ocultar o privatizar. Somos personas conscientes y solidarias y no creemos en el paternalismo de una administración que criminaliza las actuaciones por el bien común al tiempo que entorpece la justicia ante la corrupción; una administración que protege los grandes intereses económicos y dilata la resolución de las causas de raíz de la enfermedad, la pobreza y la destrucción del planeta.

Nos oponemos a la inculpación de Josep Pàmies y la Dulce Revolución de las Plantas Medicinales, para cultivar, recomendar y facilitar marihuana para usos medicinales. Consideramos injusto que no se permita cultivar marihuana para usos médicos, cuando esta actividad se derivaría la mejora y curación de diversas enfermedades como lo demuestran cientos de estudios científicos y la práctica diaria de miles de personas.

Mientras seamos privados de poder decidir directamente sobre lo que nos afecta con consultas vinculantes y otros mecanismos horizontales, manifestamos nuestra voluntad de desobedecer leyes injustas.

LA FISCALIA PIDE DOS AÑOS DE PRISIÓN Y 16.000€ DE MULTA A JOSEP PÀMIES POR CULTIVAR MARIHUANA TERAPÉUTICA

Es la petición del fiscal, por un delito contra la salud pública por cultivar marihuana para usos terapéuticos .

Desde Dulce Revolución se convoca a dos actos de solidaridad:

1o.- Asistir el 25 de Mayo día del juicio (9,15 horas) delante del *Juzgado de lo Penal no 2 de Lleida, C/ Canyeret, 3-5* para respaldar con calor humano a Josep Pàmies.

2o.- Plantar una marihuana, todo el mundo que lo desee para ofrecerla gratuitamente

a personas que la necesiten, para resolver problemas de salud que de otra forma son de difícil resolución: Cáncer, Epilepsia, Esclerosis Múltiple, Parquinson,

Artrosis, Artritis, Fibromialgia...,

Desde Dulce Revolución se anotaran las personas cultivadoras y se pondrán en contacto con las personas enfermas que la puedan necesitar. Darse de alta en un censo que Dulce Revolución coordinara. Escribir a info@dolcarevolucio.cat.

Veinticinco

Como el humo de una varilla de incienso quisiera flotar,
en espirales voluptuosas hacia el cielo,
mecidas por el viento que las difumina.
Ascender en círculos como las aves lo hacen alrededor de sus
hogares antes de partir en su migración.
Una despedida antes de fundirse en el viento,
un viento que sople fuerte y al que me pueda agarrar,
aroma a caballo,
adherida mi esencia en las crines de Eolo para que me lleve a ti.
Que te envuelva mi presencia,
mi espíritu,
mi ser inmaterial,
lo físico no me importa,
tan solo necesito fundirme con tu aroma,
fresco y cálido al mismo tiempo,
gruñón y tierno,
sabia alma vieja e impulsiva mente joven.
Quiero ser parte de tu esencia,
mezclarme contigo,
antes de que llegue mi cuerpo,
preparar el camino para lo que tenga que llegar,
sin miedo,
con fuego que nos queme dulcemente en llamas indoloras
para el cuerpo pero si para el corazón.

«En la actualidad existimos para servir a la economía, cuando debería ser a la inversa».

CARL HONORE, *Elogio a la Lentitud*

¿Qué cosa se os pasó por la cabeza para decidiros a bajar de los árboles?, ¿fue un acto de fe el dejar la seguridad arbórea para competir con los animales ya adaptados al suelo?

Fue una apuesta que os salió bien, podéis estar orgullosos de vuestros ancestros, tuvieron que elegir entre convertirse en competidores de los carnívoros o iniciarse en el consumo vegetal, y sabiamente mezclaron ambas cosas.

Tan solo la solidaridad el espíritu de los cazadores en manada no caló en vuestros cerebros y seguís siendo individuales, posesivos y compitiendo por quien tiene la rama más larga o la hoja más grande, y los machos se entregaron al arte de la caza.

Y la hembra al cuidado de la prole y al cultivo de la sabiduría grupal, ellas eran quienes custodiaban la historia de la tribu y sus saberes que eran transmitidos a las nuevas generaciones.

Sabiendo lo que es dar vida de la nada enseguida conectaron con la Madre Tierra y con el espíritu de las semillas, de los esquejes, de las frutas, y por el metódico y paciente saber de la contemplación y la experimentación, de los resultados pasados de una generación a otra las hembras se convirtieron en las guías de los grupos homínidos y a fe que lo hicieron bien, hasta... la llegada de los dioses masculinos cuando el trabajo ya estaba hecho para salir en la foto.

Si la farmacopea es un saber ancestral de la humanidad... y para desgracia y sorpresa de todos se pierden los testimonios de personas reales que darían valor a vuestro lado magico, ese que nos une a los animales con los vegetales, trenzado a lo largo de convivencia, algo que no existe en vuestros libros de historia, es la base la raíz de la curiosidad esa que hizo que la supervivencia y la adaptación al medio fuera tan notable, la que el uso y la sabiduría que da la experiencia quiebre el hilo de la magia para llamarse salud y medicina... YO FUI eso y tras el paso de los años oscuros, FUI magia, SOY droga perniciosa y regreso ahora para SER lo que tanto costó de probar empíricamente.

Lo empírico aplasta como pie a la hierba los prejuicios y en verdad no hay mejor médico que uno mismo para comprender y notar los resultados...

Me llamo Rosa, tengo 60 años y vivo en Sant Cugat del Vallès (Barcelona). Quería compartir que yo fumo marihuana terapéutica. Padezco muchísimos dolores debido a que tengo varias enfermedades. Padezco fibromialgia en un grado alto con fatiga crónica. Estoy operada siete veces de la columna a cual peor, operada del páncreas, vesícula y de hígado. Tengo un enfisema pulmonar y por tanto no debería fumar, pero no puedo dejarlo pues es lo único que me calma los dolores. La he solicitado a la Seguridad Social, pero me la niega, ya que tres viales pueden costar unos 500 euros y yo no puedo pagarlo, pero les aseguro que aunque me cueste la vida no dejaré de fumarla, pues es lo único que me alivia los dolores.

Rosa Porti.

...claro que en muchos lugares la fibromialgia no existe, es una enfermedad irreal y mental...

Me llamo Montserrat Sillero, tengo 50 años y vivo en Santa Perpetua, Barcelona. Hace muchísimos año sufría del síndrome de piernas inquietas (Gillete de la Tourette), en su momento no había diagnóstico. Hace 10 años

probé la marihuana (es el mejor relajante muscular) y noté que me quedaba muy relajada, los tics y las piernas que no paran se tranquilizaban, y por fin, me podía dormir.

Hace 5 años empecé con la menopausia, los sofocos eran horribles, pero por las noches eran más fuertes. Un verano viajé a Canarias y no me pude llevar marihuana, pasé las peores noches de mi vida, dormía empapada en agua, empecé a sospechar que era por la falta de la planta. Lo hablé con la familia de allí y me buscaron y al fin pude dormir.

La marihuana me baja la temperatura corporal, también me favorece en el glaucoma que tengo hace muchos años, pues me bajó la tensión ocular. Podría decir muchos más beneficios de esta planta, pero a mí son estos los q me resultan.

Yo cada noche me fumo dos petas, justo antes de dormir, por el día no la pruebo. Para las personas que no fuman se puede tomar de otras maneras. Ojalá la legalicen pues es muy cara, pero es mi mejor medicina.

Un saludo y encantada de poder ayudar a más personas.

Montserrat Sillero

...en los años oscuros eso se llamaría posesión, en la medicina convencional se darían sedantes y no a MI... dos ramas para medir, la tradicional y vegetal y la ortodoxa que encubre no aplaca.

Veintiséis

Cercenamos lo que queremos,
cortamos por lo sano,
no sabiendo lo que es.
Arrasamos con todo sin mirar atrás,
y lo que es peor sin mirar adelante.
Dejando tocones bellos a quien llegue,
cuando desde siempre la sombra precedía al sol del mañana.
Triste humanidad que sesga vidas como quien tira piedras al
agua, pero las piedras siempre acaban llenando el estanque y
el contenido desbordando.
Y cuando lleguen los torrentes a interrumpir nuestras vidas,
echaremos culpa a ¿quién?...
Las piedras, el agua... o el olvido... del durmiente... CAMINA
Y DESPIERTA.

Sobran las palabras cuando cunde la inteligencia, y el extender lo infinito es absurdo, como lo es la persecución del patrimonio ecológico a escala mundial.

El dejar perder la sabiduría ancestral en forma y manera que solo genere bienestar y no dinero, es humánico,

los casos clínicos puestos en fila llegarían si usted pone su mano en alto desde su palma a la mía, y el acto de juntarlas es símbolo inequívoco de que algo está cambiando.

Son pequeñas cosas, que nos hacen más terráqueos (si se me permite la palabra), nunca un abrazo, un beso, una palabra amable tuvo tanto poder y eso es lo que tienen miedo, no de la masa social sino de la energía que se crea y que gira como un torbellino de emociones, un despertador que abre los ojos y que echan por tierra la mentira creada... y el miedo, lo regalan para vendernos después seguridad.

Pero el miedo no existe si sabemos a donde vamos y como es así. ¡¡¡Adelante!!!

Albuixech, 29 de Abril de 2017.

Bibliografía

Lipp, Frank J., *Herborismo*, Editorial Debate S.A., 1996.

Escohotado, Antonio, *Historia de las Drogas* (Volumen 1), Alianza Editorial, 1998.

Escohotado, Antonio, *Historia de las Drogas* (Volumen 2), Alianza Editorial, 1998.

Escohotado, Antonio, *Historia de las Drogas* (Volumen 3), Alianza Editorial, 1998.

Vergara, Karina, *Cannabis Consciente para un uso medicinal de la Marihuana*, Editorial Comanegra, 2016.

Weil, Andrew, *La Mente Natural*, Editorial Extemporaneos S.A., 1974.

Grau, Joaquín, *Mi vida con los Aucas*, Plaza y Janés Editores, 1987.

Diario Cuatro Vientos Diario4v.com. (para noticia de Estadísticas: La legalización de la marihuana disminuye el consumo de alcohol).

Noticia del caso de Adriana Funaro de http://www.infobae.com/autor/fernando-soriano/

Naciones Unidas, Protocolos de Ginebra de 1925 en adelante: A/RES/65/51

A/RES/63/53

A/RES/61/61

A/RES/59/70

A/RES/57/62

A/RES/55/33.

Bendito Jardín Abuelos Argentinos a Favor del Cultivo de Cannabis Medicinal escrito por Fran C. para un artículo de Nekwo.com.

Leary, Timothy, *Turn On, Tune In, Drop Out*, Ronin Publishing, 1999.

Perera, Víctor y Bruce, Robert D., *Los Ultimos Señores de Palenque*, Editorial Argos Vergara S.A., 1982.

Concar, David, artículo en *El Mundo.com* sobre La OMS y la Marihuana.

Cebrero, Waldo, artículo en *Cosecha Roja.com* sobre El Aceite Para Magalí.

Klein, Naomi, *Esto lo Cambia Todo*, Editorial Paidós, 2015.

Grotenhermen, Franjo, Ethan Russo y Ricardo Navarrete, *Cannabis y Cannabinoides Farmacología, Toxicología y Potencial Terapéutico*, Varo Editores, 2015.

Entrevista al Neurólogo Dr. Carlos Magdalena en la Revista *THC* número 93 por Martín Armada.

Artículo en la *Voz.com* de Sergio Carreras sobre Brenda Chignoli.

Pàmies, Josep y Figueroa, Miquel, *Una Dulce Revolución*, Stevia Editors, 2013.

Morris, Desmond, *El Mono Desnudo*, Editorial Plaza y Janés, 1968.

Casos de marihuana terapéutica de la página web de Josep Pàmies *Dulce Revolución.*

Este libro se imprimió en Madrid
en enero del año 2018

www.ingramcontent.com/pod-product-compliance
Lightning Source LLC
Chambersburg PA
CBHW021006090426
42738CB00007B/670